내 인생에 돈, 성공, 사람, 운이 따르는

부자의 관상

富者觀相

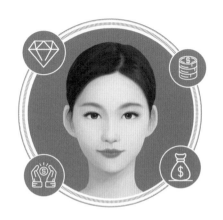

내 인생에 돈, 성공, 사람, 운이 따르는

부자의 관상

나남임 지음

siso

관상을 알면
운의 흐름을 바꿀 수 있다

  찰나의 시간 동안 우리는 무엇을 보고 상대방을 판단하는 것일까? 바로 외모의 밸런스와 기운을 보는 것이다. '얼굴의 조화와 사람의 기운을 보는 것'이 바로 관상(觀相)이다. 유형의 상은 무형의 마음이 투영되며 변화될 수 있기에 마음의 형상이 겉으로 드러나는 관상을 보면 그 사람의 성격과 기질을 파악할 수 있다.

  나는 다년간 많은 사람을 만나 그들의 이야기를 듣고, 삶에서 고민하는 문제에 대해 조금 더 나은 선택을 할 수 있도록 길잡이 역할을 해 왔다. 사람은 누구나 태어나 살아감에 있어 작게는 부모, 형제, 배우자 등 가족이라는 작은 집단에서 시작해 크게는 사회활동을 함에 따라 또 다른 주변 사람과의 관계에서 부딪치고 고민하는 경우가 많다. 그렇다 보니 결국은 자신뿐만 아니라 상대를 이해하고 알아가는 과정이 필요하다.

  특히 동양에서는 사주 구성에 따라 사람의 타고난 성격, 성향, 나와 상대의 심리를 이해하고 예측할 수 있는 학문으로 사주 명리와 사람의 얼굴에 적용해서 그 상의 모습과 변화를 예측하고 알 수 있는 관상을 꼽을 수 있다.

우리가 살면서 고민이 생기거나 중요한 결정을 내려야 할 때 마치 내비게이션처럼 미리 앞을 예측하고 나아갈 수 있다면 얼마나 좋을까. 그러나 꼭 누구나 다 아는 넓고 큰 길만이 좋은 것만은 아니다. 나만 아는 지름길이 목적지를 향해 더 빠르게 가는 길일 수 있듯이 인생의 길도 섣불리 좋다 나쁘다를 평할 수는 없다. 비교적 좋지 않은 시기를 반감할 수 있는 것이 사주 명리와 관상이기에 우리가 살아가며 반드시 배워야 하는 학문이라 말할 수 있고, 힘든 시기를 비교적 수월하게 극복할 수 있도록 도움을 준다는 점에서 큰 의미가 있다고 볼 수 있다.

이 책은 관상의 기본 중의 기본을 다루어 일반인도 쉽게 실생활에 적용하여 자신의 삶을 좋은 방향으로 가꾸어 나갈 수 있도록 구성했다.

더군다나 역학 공부에 있어 관상만큼 실생활에 큰 도움을 주는 것은 없다. 세상의 삼라만상(森羅萬象)이 다 들어있는 얼굴을 통해 나 자신뿐만 아니라 상대방이 가진 많은 정보를 꿰뚫어 볼 수 있고, 태어난 연월일시(年月日時)가 없어도 상대방을 판단하는 데 많은 도움을 얻을 수 있다. 일반적으로 관상을 본다고 하면 눈, 코, 입, 귀 등 각 부위의 형태를 살핀다고 생각하는데, 꼭 그렇지만은 않다. 얼굴의 모양, 에너지의 활력과 기운, 얼굴의 각 부분과 신체 각 부분, 얼굴 표정과 밝기까지 관상을 보는 영역에 포함된다. 즉 얼굴의 형태로 삼정(인생의 초년, 중년, 노년의 운세)을 판단하고, 이목구비로 부분적인 판단을 하며, 연령을 나누어 과거·현재·미래의 운세를 점치고, 세부적인 사항과 종합적인 운을 설명한다.

단순히 멋지고 예뻐지는 것이 중요한 것이 아니라 스스로를 잘 이해하고 개성과 매력을 찾으며, 자신에게 이로운 판단을 내릴 수 있는 눈을 기르는 것이 중요하다. 이것이 관상을 알아야 하는 목적이라 할 수 있다.

화장을 하거나 성형을 할 때도 자신의 관상을 모른 채 트렌드만 좇는다면 의도와 다르게 삶이 힘들어지거나 고통에 빠질 수 있다. 또한 직업에 따라 자신에게 운을 더해주는 관상으로 바꾸면 직업과 이미지가 일치하여 더 좋은 성과를 얻을 수 있다. 이처럼 강점은 돋보이게 하고 단점은 보완하기 위해 관상법을 알아야 한다.

삶이 고통스럽고 뭘 해도 안 되는 것만 같아 좌절하고 있다면, 지금 당장 거울 앞으로 달려가 자신의 얼굴을 바라보라. 그리고 어떤 기운이 느껴지는지 가만히 들여다보라. 무엇이 지금 당신의 삶을 가로막고 있는지를 찾아내 그것을 수정하면 당신의 인생에 좋은 운이 찾아오기 시작할 것이다.

이 책의 구성

핵심 키워드

다루고자 하는 핵심 주제를 제목으로 내세워
쉽게 궁금증을 해결할 수 있습니다.

쉽고 친절한 그림 설명

그림으로 한 번 더 이해하기 쉽게 나타내어
글을 읽지 않아도 한눈에 알 수 있습니다.

재미있는 관상 이야기

관상과 연관이 있는 흥미로운 이야기를 통해
관상을 더욱 재미있게 이해할 수 있습니다.

여기서 잠깐!

본문 속에서 다룬 내용 중 추가적인 설명이
필요한 경우, 저자의 해설을 덧붙였습니다.

나 교수의 상담실

저자가 실제 상담한 사례를 바탕으로
본문 속의 내용을 좀 더 구체적인
여러 가지 경우를 예로 들어 해석합니다.

알아두면 쏠모있는 실용적인 TIP들

실생활에 적용할 수 있는 운에 대한
다양한 정보를 제공해 줍니다.

부록. 운을 끌어오는 12가지 개운법

좋은 운을 생활 속에 끌어들이는
개운법을 소개합니다.

CONTENTS

 얼굴 밸런스로 살피는
좋은 관상과 나쁜 관상

02 얼굴의 중심 부위로 보는 부자의 관상

CONTENTS

03 부자의 운은
어디에서 오는가

04 사주팔자를 뛰어넘어
새로운 운을 만드는 얼굴 경영법

왜 사주와 관상은 함께 봐야 할까?

한 인간의 삶에 있어서 부모, 배우자, 자녀, 건강, 직업, 재물은 큰 영향을 미친다. 이에 대한 문제들을 슬기롭게 이겨내고 더 좋은 방향으로 이끌 수 있다면 성공한 인생이라 말할 수 있다. 그렇기에 새해가 되면 많은 사람이 신년 운세를 보고, 힘들거나 고민이 생길 때면 철학관을 찾게 되는 게 아닐까 싶다.

예전에 나의 은사님이 내게 이런 말을 하신 적이 있다.

"사주를 볼 때는 그 사람의 얼굴을 뚫어질 듯 쳐다봐야 해."

사실 그때는 사람의 사주를 보는데 왜 관상을 보라고 하시는지를 이해하지 못했다. 그러나 이제는 왜 사주와 관상을 함께 봐야 하는지 그 이유를 알 수 있다. 그 사람의 사주에 따라 얼굴에 그 세월이 그대로 나타나기 때문이다.

우리가 알다시피 사주는 사람이 태어난 연월일시로 그 사람의 흥망성쇠를 아는 것이고, 관상은 얼굴의 눈, 코, 입, 볼, 귀 등을 살펴 그 사람의 성격, 건강, 직업, 재물 등을 예측하는 것이다. 결론적으로 사주와 관상은 같은 결과를 말해준다. 얼굴을 보는 것이 관상이고, 손을 보는 것이 수상(手相), 발바닥을 보는 것을 족상(足相)이라 해서 무엇을 보느냐에 따른 대상만 다른 것이다. 결과는 사주든 관상이든 수상, 족상이든 거의 같다.

보통은 태어난 사주를 통해 부모, 배우자, 자녀(형제), 직업, 재물, 건강의 여섯 가지 요소가 정해져 있고, 그 사주의 흐름에 따라 사람의 얼굴이 변화한다고 본다. 그러나 탈신공개천명(奪神功改天命)이라 하였듯이 운명은 스스로 개척하는 것으로, 어느 정도는 정해져 있으나 바꾸려고 노력하면 바뀌는 것이 운명이기도 하다.

성형으로 관상을 바꾸면 운도 바뀔까?

결론부터 말하자면, 관상은 얼마나 자신의 삶에 노력과 정성을 들이느냐에 따라 변할 수 있다. 그러나 성형으로 관상을 개선하더라도 사주대로 심보를 쓰면 원래대로 되돌아가거나 해당 부위에 생길 주름과 흠집(상처, 점, 두드러기 등)이 다시 나타난다.

관상을 좋은 방향으로 바꿔서 실제로 그에 따라 주변 환경이 변화한 사례는 무수히 많다. 예를 들어, 입술선은 관상학적으로 일의 마무리를 뜻하는데 입술선이 희미하거나 없는 사람은 실제 일을 시작은 하지만 마무리를 깔끔하게 맺지 못하는 경우가 많다. 내 고객 중에 입술선이 약한 편이라 한동안 계약이 성사되지 않아 골머리를 썩은 사람이 있다. 1년을 매달렸는데 이렇다 할 성과가 나지 않으니 맥이 빠졌다. 나는 입술선을 또렷하게 하는 반영구시술을 권했고, 그는 시술을 받고 얼마 안 돼서 주변의 도움을 받아 무사히 계약을 성사시킬 수 있었다.

관상을 즉각적으로 수정할 수 있는 방법은 단연 성형이지만, 성형을 권장하는 것은 아니다. 메이크업이나 피부 관리로도 얼마든지 관상을 좋게 만들 수 있다. 다만, 나이가 많은 사람이 목과 손에는 주름이 가득한데 갑자기 성형으로 얼굴만 팽팽하면 자칫 거부감이 들 수 있다. 거부감이 들 정도로 얼굴을 180도 바꾸면 오히려 악영향이 크다. 항상 조화와 균형을 잊지 말아야 한다.

말년이 좋은 사람은 점점 자연스럽게 얼굴이 좋아지게 된다. 기운이 고스란히 얼굴에 반영되어 나타나기 때문이다. 특별히 성형이나 화장으로 얼굴을 꾸미지 않아도 뭔가 보이지 않는 아우라가 자연스럽게 발산된다.

늘 웃으며 바르고 긍정적으로 사고하는 것이 관상을 좋게 하는 비결이다. 내가 좋아하는 일을 하면 그 일을 하는 동안 마음이 즐겁기 때문에 얼굴도 함께 좋아진다. 하기 싫은 걸 억지로 하면 어떤가. 표정이 일그러지고 스트레스를 받아서 인상을 쓰게 되니 관상이 덩달아 안 좋아진다. 인간의 근육은 고기 살점과 같아서 삶에 충격이 많거나, 신경 쓰이는 일이 자주 생기거나, 스트레스를 많이 받은 후 그걸 이겨내지 못하면 얼굴 근육들이 경직되고 찌그러진다. 그러면 당연히 관상도 나빠진다. 그럴 때 '괜찮아, 그럴 수도 있어' 하고 마인드 컨트롤을 하면 근육이 찌그러지려 하다가도 나아진다. 많이 웃으면 웃을수록 얼굴이 부드러워진다.

얼굴 형태만으로도 그 사람이 가진 기본적인 성격을 알 수 있다. 얼굴의 모양은 크게 6가지 정도로 분류하지만, 머리는 둥글고 턱은 각이 진 것처럼 여러 가지 모양을 함께 지닌 사람도 있다. 이런 경우에는 각 형태의 기질을 복합적으로 가지고 있는 것이라 볼 수 있다. 모양뿐만 아니라 얼굴 전체적으로 나타나는 광채나 찰색(피부에 나타나는 색) 역시 관상을 판단하는 중요한 요소다.

01

얼굴 밸런스로 살피는
좋은 관상과 나쁜 관상

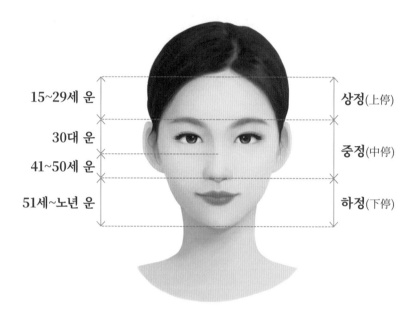

15~29세 운   상정(上停)

30대 운   중정(中停)

41~50세 운

51세~노년 운   하정(下停)

    얼굴로 일생의 운을 볼 수 있다. 얼굴을 상·중·하로 구분하는 삼정(三停)으로 인생의 초년·중년·노년의 운세를 판단하는 방법이 일반적이다. 헤어라인에서 눈썹까지의 부분을 '상정(上停)'이라 하고, 눈썹에서 코끝까지를 '중정(中停)', 코끝부터 턱끝까지의 부분을 '하정(下停)'으로 구분한다. 비율이 1 : 1 : 1로 밸런스를 이루고, 살집이 적당하다면 이상적이라 본다.

• **상정** [태어나서 30세까지의 초년운을 주관]

사람의 헤어라인부터 눈썹 바로 위까지를 상정이라 한다. 상정으로는 태어나면서부터 가진 운명, 지적 능력, 조상과 관련된 사항들을 알 수 있다. 손윗사람, 부모와의 인간관계를 나타내기도 하며 가까운 미래의 운을 점칠 수 있는 부위다. 이마 부분에 주름, 흉터, 점, 사마귀 등이 있으면 부모 덕이 약하며, 어릴 때 학업이나 본인이 원하는 것을 이루기 어렵다. 단, 나이가 들어 자연스럽게 생기는 곧고 반듯한 주름은 좋게 본다. 관상학의 고전인 『마의상법(麻衣相法)』에서는 이마에 생긴 3개의 가로 주름을 삼문(三紋)이라 하여 명예가 높은 지위에 오른다고 했다.

상정은 지혜와 아이디어 등을 이끌어내는 부분으로 이 부위의 살이 도톰하고 흉터나 기미, 점, 사마귀 없이 반듯하고 잘생길수록 선천적으로 좋은 운을 타고났다고 본다.

• **중정** [30세부터 50세까지의 중년운을 주관]

중정은 눈썹부터 코끝까지를 말하며 몸의 에너지, 실행력과 의지력, 배우자궁과 중년의 재물운, 건강 상태, 사회적 활약 등을 관장하는 부위다. 중정에는 미간과 눈, 코가 포함되어 얼굴의 전체적인 운을 살피는 가장 중요한 부위이기도 하다. 주로 사회생활과 결단력, 부부관계, 현재의 건강 상태 등을 알 수 있다. 이 부위에 살집이 두텁고 풍성한 사람은 복과 운이 따르며 누구에게나 신뢰를 얻는다. 중정이 균형 있고 힘이 있으며 색이 밝고 광채가 나면 부와 수(장수)를 누린다.

• **하정** [50세부터 노년까지의 말년운을 주관]

코끝부터 턱끝까지를 하정이라 한다. 주로 50세 이후 노년운, 자손, 부하운, 가정운, 주거, 지위, 정서 등을 판단한다. 특히 턱 부분은 자신을 둘러싼 주위 환경을 나타내는 부위로 가정생활의 원만함 여부, 아랫사람 복, 재물의 축적 등을 의미한다. 하정이 크고 두터우며 둥근 사람은 나이가 들수록 운이 좋다.

참고로 상정과 하정 중에 하정이 더 발달하면 좋고, 무턱처럼 밑으로 빠지지 않고 살짝 위를 향해 나와 있는 형태가 좋다. 그러나 지나치게 위로 올라온 주걱턱은 오히려 자기 위주로 생각하고 욕심이 많다. 하정이 풍부해도 부은 듯이 푸석하면 아랫사람들과의 인연이 약하고 어려움이 생길 수 있다.

손발의 길이와 얼굴 길이로 성공을 예측할 수 있다?!

사람 10명 중 9명은 대체로 손발의 길이와 얼굴의 길이가 비슷하다. 그런데 얼굴 길이보다 손발의 길이가 눈에 띄게 크거나 작다면 어떨까?

얼굴 〉손　　　　　　　　**얼굴 〈 손**

관상학에서 얼굴이 손바닥보다 크면 본인이 종사하고 있는 분야에서 성공할 확률이 높다. 예부터 얼굴에 비해 손이 작으면 야무져서 손재주가 좋고 성실하여 주어진 일에 최선을 다한다고 전해진다. 반대로 손에 비해 얼굴이 작은 사람은 열심히 일하지만 운이 약한 편이다.

실제로 얼굴이 작고 손발이 큰 여성은 정신적인 일보다는 육체적인 일을 힘들어하지 않는 경향이 있다. 그에 반해 얼굴이 크고 손발이 작은 여성은 일머리가 있으며 추진력이 있어서 자영업 등의 일에 종사하며 사람을 고용해서 일하는 경우가 많다. 남성은 여성에 비해 얼굴이 크고 각진 경우가 흔하다. 손발이 작은 남성은 평소 걱정이 많고 사회적으로도 운이 약하다.

얼굴의 균형으로 살피는 출세와 운명

　얼굴 전체의 조화를 살피는 것을 '상모궁'이라 한다. 얼굴 전반적으로 낮거나 꺼진 부분 없이 살집이 원만하게 차 있는 사람은 부귀영화를 누린다고 본다. 『마의상법』에서도 상모궁을 볼 때 오악을 먼저 살피는데 "이마가 남악, 턱이 북악, 코가 중악, 왼쪽 광대가 동악, 오른쪽 광대가 서악이며 이것들이 마주 보듯 적당히 서 있는 것을 중요하게 본다"라고 했다. 이렇듯 상모궁은 삼정과 오악을 살펴 얼굴 전체의 균형을 판단하는 것이다.

　사람은 각기 다른 얼굴을 가지고 있으며 상정·중정·하정의 비율도 다르기 때문에 그 폭에 따라 운명 또한 다르다. 삼정의 길이가 균일한 사람은 평생의 운세가 고르게 나타나고, 삼정의 길이가 제각각이면 운세가 고르지 않다. 기본적으로 해당 부분이 높고 넓으면 운세가 좋다고 해석한다.

• 상정 〉 중정, 하정

정수리부터 눈썹 시작 전까지의 크기가 넓고 긴 사람은 부모로부터 물려받은 것이 많아 초년의 운세가 강하다. 30세 전에 성공을 거둬 중·노년에 크게 무리하지 않아도 경제적으로 안정된다. 윗사람의 도움을 많이 받아 평생 행복한 인생을 산다.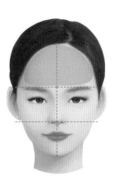

특히 상·중정이 넓고 하정이 작은 사람은 성격도 적극적인 편이며 지적 능력까지 뛰어나 성공을 이루는 사람이 많다. 여성의 경우에는 일에 있어서 대장부 기질이 있고 유능하나 가정적으로는 소홀할 수 있으며 정이 별로 없다. 하정이 말년운을 상징하는 만큼 상·중정에 비해 하정이 작고 뾰족하면 말년운은 좋지 않다. 주로 역삼각형의 얼굴에 해당한다.

 여기서 잠깐!

이마와 정수리가 구분되지 않는 사람은 기가 강하고, 애교가 부족하다. 대부분 고향을 떠나 타지역에서 사는 경우가 많다. 머리숱이 없거나 정수리에 상처가 나 있으면 손윗사람과 의견이 맞지 않는다.

• 상정 〈 중정 = 하정

젊을 때 운이 확 피지 못하며 부모의 덕
을 기대하기 힘들고 초년운이 약하다. 중
년 이후부터 운이 풀리므로 상사에게 잘
하고 아랫사람을 잘 대하면 성공한다. 가
정의 운도 중년 이후에 좋아져 행복한 노
년을 보낸다.

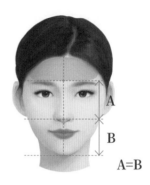

상정의 길이가 짧아도 이마의 폭이 넓으면 삼정이 조화를 이루는
것으로 본다. 이런 얼굴은 머리가 좋아 실무를 잘 처리한다. 여성이
라면 좋은 운을 가진 얼굴이라 할 수 있다. 주로 사각형의 얼굴에 해
당하며, 이마가 꺼져있거나 좁은 사람도 여기에 해당한다.

 여기서 잠깐!

특히 이마(상정)가 낮고 좁은 사람은 부모덕이 적으나, 실무 처리에 능
하고 상사에게 잘한다. 단, 이마의 가로 폭이 좁으면 지력(知力)이 약하
고, 고집스러우며 자만에 빠져 게으른 면이 있다. 뭔가 닥치면 '해야지'
하면서 계속 미루다가 막판에 가서 하거나 몸이 안 따라 주어 하지 못하
는 경우도 생긴다.

• 상정, 하정 〈 중정

중정은 중년의 운을 가늠하는 부위이자
실행력과 의지력을 상징하는 부분이다. 그
래서 중정 부위의 중심인 콧대가 낮으면
우유부단(좋게 말하면 남의 의견이나 남을 배려
함)하고 자기 주관이 약하거나 의지가 부
족하다. 반면 콧대가 높으면 무슨 일이든
자기 중심으로 일을 행한다.

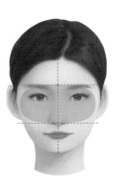

재물운이 좋아 회사원이라도 상당한 지위까지 승진할 수 있고, 사
교성이 좋아 폭넓게 인간관계를 이루며, 모든 면에서 적극적인 편이
다. 다만, 노년운은 약하므로 중년에 재물을 모으는 데 집중해야 한
다. 주로 둥근형의 얼굴에 해당한다.

• 상정, 중정 〈 하정

부모나 윗사람의 덕이 적어서 부모의 사
이가 나쁘거나 부모가 이혼할 수 있다. 대
체로 소극적인 면이 있으며 자신을 믿지
못하고 다른 사람의 말이나 행동에 많이
휘둘리는 편이다. 초년과 중년에는 운이
지지부진하지만 말년이 되면 운이 열린다.

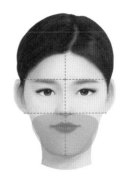

착실히만 노력하면 노년에 들어 좋은 부하가 많고, 경제적으로도 여유로워지며, 가정운도 좋아 평안해진다. 하는 일에 최선을 다하고 가정생활에 충실하면 50대 이후 좋은 말년을 보낼 수 있다. 여성의 경우에는 자식 복이 있고, 가정이 평안하다.

• 상정, 하정 〉중정

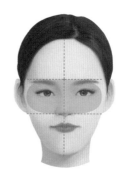

지성이 넘치고 좋은 인맥을 많이 가지고 있을 확률이 높다. 중년운이 약하여 타고난 능력을 발휘하기 어렵기에 수입이 불안정한 편이지만 노년에는 좋은 방향으로 바뀌어 자식 복이 넘치는 삶을 산다.

• 상정, 중정 〉하정

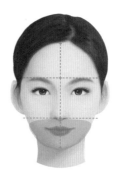

초·중년의 운세가 아주 강하고 길하다. 적극적인 성격의 여성이라면, 일에 있어서는 굉장히 유능하고 여장부 같은 스타일이다. 그러나 정이 없는 편이다. 노년에 접어들면서 인복이 없으므로 질병이나 가난으로 힘들게 살 가능성이 크다.

• 상정 = 중정 = 하정 / 얼굴 폭이 좁음

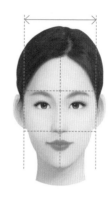

　인생을 살아가면서 큰 문제없이 원만하게 지내나 운세도 그럭저럭하고, 윗사람의 도움이 있어도 따라가지 못하는 경우가 많다. 여성이 이러한 관상을 가졌을 때는 사람이 따르며 원만한 가정을 꾸릴 수 있다.

• 상정 〈 중정 = 하정 / 얼굴 폭이 넓음

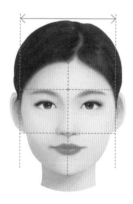

　상정이 짧더라도 이마의 폭이 넓으면 머리가 좋고, 초년부터 노년에 이르기까지 운이 점점 좋아진다. 실무적인 일에 적합하다. 손해를 보는 경우도 종종 생기지만, 젊어서부터 출세하며 성공이 계속 이어져 일생 동안 편안하게 산다. 리더의 자질도 갖추고 있어 두루두루 부자의 상이다.

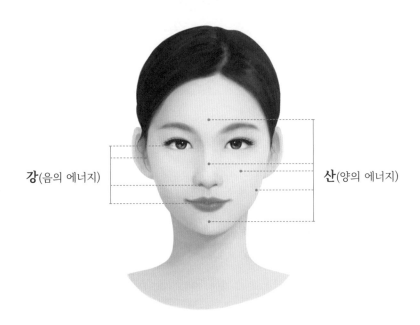

강(음의 에너지)   산(양의 에너지)

우리의 얼굴에 나타나는 높낮이를 '산과 강'에 비유했을 때 높고, 크고, 요철이 많은 쪽이 보다 많은 행운이 있다고 본다. 단, 얼굴 크기에 비해 어느 한 부분만 지나치게 커서 밸런스가 무너져 보인다면 에너지가 과해 오히려 마이너스로 작용할 수 있다.

이마나 코, 광대뼈, 아래 턱, 턱뼈 등 자연스럽게 튀어나와 있는 곳을 자연으로 치면 '산'에 비유한다. 이처럼 튀어나와 있는 부분은 음양 중에서도 양의 에너지를 가지며, 그 사람의 성격이나 권력, 부, 힘을 나타낸다. 특히 얼굴 중심에 있는 코는 가장 중요한 부분으로, 코가 평평하면 다른 부분이 아무리 높아도 산이 나타내는 좋은 의미가 퇴색된다.

반면에 강은 눈, 콧구멍, 입, 귓구멍 등 수분이 있고, 움푹 들어가 있는 부위를 말한다. 이 영역은 음의 에너지와 관련되어 있어 감정, 수용, 여성스러움을 나타낸다. 지나치게 건조하거나 너무 수분이 많아도 관상적으로 좋지 않다.

옆모습으로 성격과 성향을 읽을 수 있다?!

① 볼록형

얼굴의 중앙부가 돌출되고 이마와 입이 들어간 형태로 무슨 일이든 마음에 담아두지 않고 외향적이다. 적극적이고 활동적이며 성격이 급하다. 감정을 감추지 못하고 즉각 표현한다. 이마가 상대적으로 들어가 있어 생각이 깊지 않으며, 코는 돌출되었는데 입이 들어가 있어 실행력은 있으나 맺음을 잘하지 못하는 단점이 있다.

② 수평형

코를 제외하고는 전체적으로 얼굴이 평평한 형태다. 따라서 성격이나 일하는 면에서 평균적이며 적당한 분별력을 가지고 있다. 상황이나 직위에 따라 외향적일 때도 있고, 내성적일 때도 있다.

③ 오목형

이마와 턱이 앞으로 나오고 얼굴 중앙부가 들어간 형태다. 마치 그릇 같은 얼굴형이어서 무슨 일이든 안에 담고 쌓아두는 성격이다. 특히 자신에게 일어난 안 좋은 일을 쉽게 잊지 못하고, 계속해서 떠올리는 경향이 있다.

성격과 운을 알 수 있는
9가지 얼굴형

얼굴 형태라 하면 보통 전체적인 '얼굴형'과 눈, 코, 입이 모인 모양을 의미한다. 얼굴의 형태를 판단하는 4가지 포인트가 있다. 첫째는 이마의 폭이 넓은가 좁은가, 경계가 명확한가 흐린가이다. 둘째는 양 관자놀이까지의 폭이 넓은가 좁은가이다. 셋째는 광대뼈가 눈에 띄게 튀어나와 있는가이다. 넷째는 턱의 폭이 넓은가 좁은가를 보는 것이다.

얼굴폭이 넓으면 적극성과 대범함이 있어 행동력이 좋고, 이론보다는 현실의 지혜로 승부를 내는 편이다. 일을 잘하고 직감이 뛰어나며 인간관계 면에서 발이 넓다. 반면에 얼굴폭이 좁으면 신경이 예민하고, 용의주도하며, 이론적인 성격이다. 인간관계 면에서는 신중하고 배려심이 있으나 자존심이 강하다.

또한 얼굴이 전체적으로 크면 에너지를 밖으로 방출하고, 자기주장이 강하다. 나서기를 좋아해 지도자가 많다. 작은 얼굴은 반대로 에너지를 안으로 모은다. 자신의 재능과 힘에 충실하고, 의뢰심이 강하며 치밀하다.

얼굴의 형태로 기본적인 성격이나 기질, 어떤 인생을 살았고, 앞으로 어떤 인생을 보내게 될 것인지 등을 판단할 수 있다. 얼굴의 형태는 천차만별이지만 여기에서는 대표적인 9가지 얼굴형을 기준으로 설명한다. 2~3가지 얼굴형이 섞였다면 해당하는 모양의 성향을 모두 가졌다고 해석하는 것이 일반적이다.

 여기서 잠깐!

오행에 따른 얼굴형

1. 목형

 이마 폭이 넓고 턱은 좁은 편이다. 신의가 있고, 선비형 (학자형)이다.

2. 화형

 이마 상단 좌우 폭이 좁고, 턱이 벌어져 있다. 성격이 급하며 다혈질이다.

3. 토형

 사각형과 둥근형을 합친 형태로 전체적인 얼굴은 사각형이나 턱(하관)이 둥글고 넓적하다. 보수적이고 행동과 성격이 느긋하다.

4. 금형

 균등하게 긴 네모꼴로 각이 져 있는 형이다. 적극적이고 투사적 정신이 있으며 리더형이다.

5. 수형

 이마가 발달하면서 둥근 '수'형은 열정적이고 혁신적인 기질을 갖추고 있으며, 이마가 낮고 좁으면서 둥근 '수'형은 예술가적 기질을 갖추고 있다.

• 삼각형(由字形)

이마 상하좌우가 모두 좁으며 턱밑이 넓고 풍부한 얼굴형이다. 보통 전체적인 페이스 라인이 삼각형(사다리꼴)으로 보이는 형태의 얼굴로 오행 중 화(火)의 성질을 가진다. 20 대까지는 조상의 도움이 적어 고난을 겪으 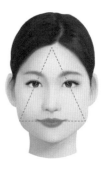 나 30대부터는 재복과 관복이 생긴다. 비즈니스맨에게서 자주 볼 수 있는 얼굴형으로 이론보다는 실천에 강한 현실주의자다.

타오르는 불처럼 항상 뜨겁고 활력이 넘치는 행동적인 사람이며 임기응변이 뛰어나 어떤 직업에서도 성공할 확률이 높다. 그러나 성격이 급하고 금방 달아오르다 금방 식기 때문에 깊게 생각하지 않고 충동적으로 행동하는 일이 많아 곤혹스러운 일을 자처하기도 한다. 사서 걱정하는 면이 있기도 하다. 성미가 급해 감정을 억누르는 것이 힘들다. 하지만 정이 넘치고 착해 사람을 잘 돌보기 때문에 따르는 사람이 많아 리더가 되기도 한다. 자기주장이 강하고, 화술이 뛰어나서 강사나 아나운서 등 말하는 직업이 어울린다.

지도력과 포용력이 있고, 용기와 도전 정신이 왕성하며, 나이가 들수록 매력이 더해져 운이 열리는 대기만성형이다. 의리와 인정이 많고, 매사에 성실하며 부탁을 받으면 거절하지 못하는 성격이라 안 되는 것은 안 된다고 확실히 말하는 연습이 필요하다. 가족에게도 충실한 타입이어서 행복한 가정을 꾸린다.

• 역삼각형(甲字形)

얼굴 중에서 이마가 가장 넓고, 턱 쪽으로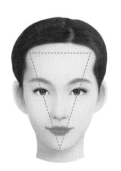
갈수록 차츰 좁아진다. 광대뼈가 눈에 띄지
않는 것이 특징이다. 역삼각형은 오행 중에
서 목(木)의 성질을 가지며, 수목이 하늘로
뻗듯이 목표를 향해 나아가는 성향을 가진
다. 머리 윗부분, 특히 이마가 큰 것은 '지(知)'를 중요시 여기는 것을
의미하며 배우고자 하는 열정이 왕성하고 두뇌가 명석해 10대부터
두각을 나타내는 형이다.

체력과 끈기가 약하지만 성실하고 냉정하며 치밀하고 섬세한 성격
으로 창조성이 있고, 자신의 세계를 중요하게 여긴다. 남들의 평가보
다 자신의 내면을 충실히 하는 것에 기쁨을 느낀다. 그러나 대인관계
에서 자신이 항상 우위에 있다는 듯이 말하는 경향이 있고, 머리를
숙이는 것을 싫어하므로 학문 분야에서는 성공할 가능성이 있으나
사업을 하거나 판매직에 종사하기에는 어렵다.

치밀한 두뇌와 섬세한 성격으로 사소한 일까지 신경을 쓰고 상대방
을 속 썩이는 스타일이다. 솔직하고 급하며 신경질적인 면이 있다. 생
각은 많으나 실행력은 약하다. 문학적 재능이 뛰어나고 감수성과 상
상력이 풍부하며 낭만적이다. 머리가 좋고 지적 호기심이 강하나 약
삭빠른 면이 있다.

• 정사각형(田字形)

이마와 광대뼈, 턱뼈의 폭이 거의 균일하게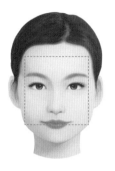
발달해 있는 얼굴형이다. 이마와 턱이 발달
한 것은 '의지'가 확고함을 나타내며, 한 번
결정한 것은 끝까지 해낸다. 인내력과 의지
력이 강한 사람이다. 오행 중 토(土)의 성질
을 가졌기 때문에 어떤 일이든 기초를 단단히 하는 것을 중시하며 그
기반부터 쌓고 나서 일을 진행해 나가므로 마지막에 큰 성과를 얻는
편이다. 한마디로 행동력, 실행력, 생활력이 가장 뛰어난 얼굴형이다.

신념이 있고 완고한 면도 있어 대인관계에서 두터운 신뢰를 얻고,
좋은 인맥을 많이 갖는 편이다. 근면하고 일에서의 평가도 높아 수입
도 안정적이다. 손재주가 좋고 센스도 있어 기술을 살린 직업이나 데
이터를 수집하여 분석하는 연구직 등의 직업이 어울린다. 적극적인
노력파이나 사고방식이 고지식하고 융통성이 부족해 사람들과 대화
가 잘 되지 않는 경우도 있다. 너무 일에만 빠져 있기보다 적당히 놀
면서 새로운 경험을 통해 유연함을 기르는 노력이 필요하다.

사각형의 남성은 성실하고 변덕이 없어 사무적인 일보다는 소방관
이나 경찰관, 스포츠 선수 등의 직업을 가지는 것이 성격적으로 더
맞다. 사각형의 여성은 남성적인 면이 있고 시원시원한 성격이라 책
임감이 강하고, 주변 사람들에게 인기도 많다. 만약 장사를 하는 집
안에서 태어났다면 그 업을 도맡아 할 확률이 높다.

● **직사각형**(目字形)

　보통 얼굴이 사각형이라고 하면 직사각 형태가 대부분이며, 사각형 얼굴에 역삼각형의 얼굴이 합해진 것과 같다고 볼 수 있다. 이마와 턱이 상하로 넓게 발달되어 있고, 얼굴 전체의 면적이 넓다. 이는 지성과 행동력을 최대한으로 발휘하는 것을 뜻한다. 빠르게 생각을 정리하는 기획력과 바로 행동으로 옮길 수 있는 실행력이 뛰어나다.

　오행 중에서는 금(金)의 성질로 세련된 우아함을 갖춰 스타성이 있으므로 주위로부터 인정받는 존재가 되는 편이다. 얼굴의 각 부분이 고르게 발달해 있어서 평생에 걸쳐 운이 최상이다. 가정운과 사업운이 풍족한 편이며, 총명하고 사람을 대하는 태도가 좋아서 어떤 분야에서나 활약할 수 있고, 그에 맞는 지위도 갖게 된다. 그러나 운이 너무 세서 정신적·육체적으로 단련하지 않으면 알게 모르게 시달리거나 휘둘리게 될 수도 있으므로 자기 자신을 갈고닦는 데 게을리하지 말아야 한다.

• 둥근형

이마와 턱이 둥글고 두툼하다. 광대뼈가 넓고 볼록하게 솟아있는 얼굴형이다. 이마 위에서 턱끝까지와 좌우의 관자놀이를 연결한 길이가 거의 동일하다. 실행력이 강한 사각형의 성격과 실행력이 부족한 역삼각형의 성격을 둘 다 가진 둥근형은 오행 중 수(水)의 성질을 가진다. 어떤 일에도 임기응변으로 대응할 수 있고, 유행을 캐치하는 센스도 있다. 부위 중에 특히 볼이 발달해 있으므로 운이 강한 중년기에 기반을 다져놓으면 노년에는 평안하다.

둥근형의 남성은 대인관계가 좋고 사교적이며 나설 때와 물러설 때를 안다. 정이 깊고 기분파여서 상업, 영업, 서비스업 등 사람을 상대하는 직업이 좋다. 둥근형의 여성은 성격이 명랑하고 호감형이며 가정에서도 따뜻한 아내이자 엄마이다. 대범한 데 비해 일을 대충 처리하는 면이 있어 지나칠 경우에는 상대방의 불만을 산다.

본능을 중시해 식욕, 수면욕, 성욕을 채우며 하루하루 즐겁게 지낸다. 돈과 사람을 좋아하며 호기심도 왕성하다. 재물복이 있으나 낭비가 심하다. 미지의 세계로도 확 뛰어들 수 있는 용기가 있으므로 많은 일에 도전하여 자기 것으로 만드는 재능이 있다. 예술 등 어느 방면으로 일을 해도 인기를 독점한다. 스트레스를 쌓아두는 편이므로 혼자 조용히 지내는 시간을 충분히 가지길 권한다.

• 계란형(申字形)

계란형은 삼정 중에서도 중정이 발달했다.  광대뼈와 코가 도드라져서 의지와 자신감이 높고, 자아가 강하다. 오행 중 금(金)과 수(水)의 성질로 품격과 유연성을 함께 가지고 있다. 얼굴 전체적으로 살이 고르게 퍼져 있고 눈, 코, 입이 부드러운 느낌이어서 전반적인 밸런스가 좋으며 자연의 흐름에 몸을 맡기고 살아간다.

사람을 대하는 태도가 부드럽고, 주위와의 조화를 중요하게 생각하기 때문에 호감도가 높아 주변 사람들로부터 많은 협력을 얻는다. 원래부터 부드럽고 촉촉한 피부의 미모를 가진 사람이지만, 외관은 물론이거니와 내면을 수양하는 것에도 열심이기 때문에 교양이 높다고 볼 수 있다.

일에서도 풍부한 감성과 세련된 센스로 자기 분야에서 활약하는 편이다. 두뇌가 명석하고 노력파이지만 턱 부분이 뾰족하면 인내와 끈기, 실행력이 약하다. 기획이나 아이디어를 요구하는 직업은 맞지 않고, 정해진 매뉴얼대로 하는 일이나 컴퓨터 조작 업무가 잘 맞는 편이다. 문화 예술 분야보다는 과학 기계 분야에 관심이 높다.

마음이 따뜻하고 이상적이나 누구에게도 나쁘게 보이지 않도록 요령 좋게 사람들과 사귀는 사람이라는 비난을 받을 수 있다. 마음이 맞는 사람들과의 교류를 중요하게 생각할 필요도 있다.

• 오각형

오각형 얼굴은 정사각형 얼굴에 역삼각형의 얼굴이 합쳐진 형태로, 턱 부분이 뾰족하다. 성격적으로는 사각형의 특징을 많이 가지고 있지만 사각형에 비해 침착하다. 다른 사람에게 허점을 보이지 않으려 노력하며, 턱이 좁기 때문에 말년을 고독하게 보내기 쉽다.

• 마름모형

얼굴 중에서 광대뼈 부분이 제일 넓다. 마름모형은 오행의 목(木)과 화(火), 토(土)의 세 가지 성질을 함께 가진 사람으로, 항상 현재에 만족하지 못하고 새로운 세계로 눈을 돌리는 경향이 크다. 생명력이 강하므로 다른 사람의 힘을 빌리지 않고 운을 개척하는 편이다.

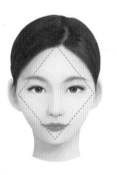

다른 사람과의 교류에서 자신에게 유리한 사람을 직감적으로 판단하여 교제하는 경향이 있고, 마음을 여는 깊은 교제는 좋아하지 않는다. 또한 인생 에너지의 대부분을 일에 쏟는 편이다. 그만큼 비즈니스 재능도 뛰어나 업적을 올리고 높은 지위를 손에 넣는다. 일에서 슬럼프에 빠진 경우에는 일 관계 이외의 사적인 친구와 만나 어울리면 기분이 전환되어 다시 시작할 마음이 생긴다.

● 하트형

　이마가 둥글고 머리카락 경계의 정중앙이 내려와 있으며, 광대뼈는 넓고 살집이 적당히 붙어있으면서 턱끝이 뾰족하면 하트형으로 본다. 주로 3자 이마라고도 한다. 오행 중 목(木)과 화(火), 수(水)의 세 가지의 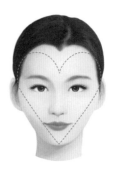 성질을 함께 가진 하트형 얼굴의 사람은 이상이 높고 계속해서 꿈을 좇는 성향이 강하다. 정직하고 따뜻한 마음을 가지고 있다. 중년기의 운을 나타내는 볼이 발달되어 있는 것은 그 시기에 다른 사람에게 최선을 다하면 좋은 말년을 맞이할 수 있다는 것을 나타낸다.

　부드러운 윤곽 덕분에 도와주려는 사람이 항상 곁에 있는 편이다. 또한 평생에 걸쳐 경제적으로도 곤란한 일이 없다. 힘을 쓰는 일보다는 뛰어난 감성을 살려 창조적인 직업을 가지면 그 능력을 발휘하여 일이 잘 풀릴 것이다. 그러나 몸의 상태에 따라 운도 오르락내리락하며, 일의 진행여부도 큰 영향을 미치므로 평소에 적절히 수면을 취하고 식사도 제대로 하여 건강을 관리하는 것이 중요하다.

관상학에서 얼굴의 형태를 보는 또 다른 방법

옛 관상서에서는 사람의 얼굴 형태를 도형이 아닌 목형, 화형, 토형, 금형, 수형의 오행법(五行法)으로 보기도 하고, 한자의 모양을 본뜬 십자면상법(十字面相法)으로 더욱 세분화하여 구분하기도 한다. 십자면상법에서는 얼굴의 형태를 갑자형, 유자형, 목자형, 원자형, 신자형, 전자형, 동자형, 용자형, 왕자형, 풍자형으로 나눈다. 여기서 신자형은 계란형, 동자형은 정사각형, 목자형은 직사각형과 비슷하다. 특히 갑자형은 이마가 높고 넓은 데 비해 볼과 뺨에 살이 없고 하관이 뾰족한 역삼각형과 비슷하다.

• 얼굴의 형태에 따른 이마의 특징

· 정사각형, 직사각형 얼굴의 이마

발제 부분이 가로로 일직선이다.
이마 위쪽과 아래쪽의 길이가 거의 같다.

· 역삼각형, 계란형 얼굴의 이마

이마의 위쪽이 넓고 아래쪽으로 갈수록 좁아진다.

· 둥근형 얼굴의 이마

이마의 위쪽이 좁고 아래쪽으로 갈수록 넓어진다.

인간과 자연은 조화가 무너지면 문제가 생긴다는 점에서 그 이치가 같다. 얼굴에 있는 각 부위도 얼굴 전체의 조화를 깨지 않으면 좋다.

　머리는 하늘이므로 높고 둥글며, 눈은 해와 달을 상징하므로 밝게 빛나야 하고, 코, 이마, 광대는 얼굴에 솟은 산이므로 적당히 높아야 한다. 그리고 자연의 나무와 풀에 비유되는 머리카락이나 털은 윤이 나고 색이 선명하며 숱이 적당해야 한다. 평소 좋은 밸런스를 갖춘 상을 만들기 위해 노력하다 보면 현실에서 부딪히는 여러 문제들을 해결할 수 있는 길이 열릴 것이다.

02

얼굴의 중심 부위로 보는
부자의 관상

현재의 운과 건강을
나타내는 눈

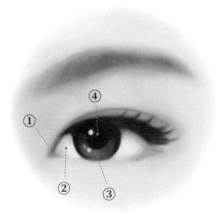

① **용궁(龍宮)** : 눈시울로는 감정이나 섹스를 동반한 애정을 본다.
② **흰자위** : 흰자위는 육체적인 것을 나타내므로, 흰자위가 탁하면 육체가 탁하다고 본다.
③ **청(睛)** : 동공 주변을 둘러싼 검은 부분이며 정신적인 것을 판단할 수 있다.
④ **눈동자** : 동공 부분으로, 영혼의 상태와 생명의 지속을 나타낸다.

    얼굴 중에서 가장 돋보이는 부분이 바로 눈이다. 실제로도 눈의 상을 좋게 하면 운을 끌어올릴 수 있는데, 눈으로는 주로 현재의 운이나 건강 상태를 알 수 있다. 눈의 상이 어떤지에 따라 전체적인 인상이 좌우되므로 운을 높이기 위해서는 눈의 상을 좋게 하는 노력이 필요하다. 눈에는 희로애락의 감정이 나타난다. 또한 세상의 다양한 정보를 눈으로 얻으며 많은 지식을 흡수하고, 지성을 높이는 호기심이 충만하면 눈이 반짝거리고 또렷해진다.

형태적으로는 좌우 눈의 크기가 균등하고 탁하지 않으며 양쪽 눈의 밸런스가 맞으면 좋다고 본다. 양쪽 눈이 크고 또렷하면 음양의 에너지를 확실히 받아들일 수 있다. 눈은 산과 강 중에 산에 비유하므로 적당하게 반짝이는 것이 좋다. 흰자위에는 탁함이 없고, 검은자위의 위나 아래에 흰자위가 보이지 않는 것이 좋은 상이다.

눈꼬리 바깥쪽으로 0.3cm 정도 떨어진 부위를 '배우자궁'을 보는 자리라 하여 '처첩궁'이라 한다. 이 부분이 밝게 빛나고 윤택하여 주름이 없으면 덕이 충만한 배우자를 얻는다는 뜻이며, 반대로 이 부위에 주름이나 상처가 생기면 배우자와 사별 또는 이혼하는 경우가 발생한다. 또한 이 부위에 비스듬한 주름이나 검은 사마귀가 생기면 음탕하고 문란하다는 것을 의미한다. 남성(남편)의 경우 오른쪽 눈 옆에 점이나 흉이 있으면 남성(남편) 쪽에서 불평불만이 생기고, 왼쪽 눈 옆에 점이나 흉이 있으면 여성(아내) 쪽에서 먼저 불평불만이 생긴다.

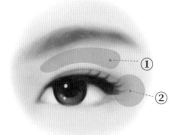

① **전택궁** : 사는 집의 규모나 앞으로의 주거 상
     황을 파악할 수 있다.
② **처첩궁**(魚尾) : 눈꼬리로 부부관계나 이성과
     의 연애 문제를 알 수 있다.

또한 눈두덩이 부분을 '전택궁'이라 하여 사는 집의 규모나 앞으로의 주거 상황을 파악할 수 있다. 눈두덩이에 살집이 많아 두툼하게 튀어나오면 성정이 강해 부부불화가 잦고 서로가 상대를 힘들게 한다. 전택궁의 폭은 둘째 손가락 정도가 좋은데, 전택궁이 좁은 사람은 성격이 급해서 마음먹은 일을 당장 해야 한다.

전택궁이 좁다는 것은 집이 없다는 의미이므로 부동산 투자를 하더라도 크게 이익을 얻지 못한다. 반면에 전택궁의 폭이 넓으면 성격이 온순하고 자기주장을 제대로 하지 못할 수 있다. 전택궁에 점이 있거나 흉터가 있으면 내 집을 가져서도 내가 살지 못하거나 세입자 등 다른 사람들만 거주하는 경우가 많다.

눈꼬리에 해당하는 어미는 처첩궁이라 하여 부부나 이성 관계를 가늠할 수 있는 지표이다. 이 부위에 주름이나 상처가 생기면 배우자와 이혼 또는 사별하는 수가 있다.

• 큰 눈

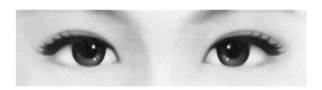

눈이 크면서 길이가 긴 눈매를 가진 사람은 타인의 기분을 잘 헤아리는 편이며 이해심이 많다. 마음에 여유가 있고, 인자하며 성실한 면이 있다. 인생이 전반적으로 안정적인 편이다.

밝고 긍정적이며 사교적이어서 사람들에게 인기가 많고, 호기심이 많아 트렌드를 잘 캐치하는 편이다. 적극적인 성격에 화술도 뛰어나서 주변 사람들에게 자신을 잘 어필한다. 특히 동공이 크면 특정 분야에서 두각을 나타낼 확률이 높다. 변화를 즐기는 행동파이지만 싫증을 잘 내고, 얼굴에 비해 눈이 클수록 그러한 경향이 심하다. 폭넓은 취미를 가지는 것은 좋지만, 열정이 쉽게 달아올랐다가 식는 면이 강해서 때로는 침착하게 한 가지에 몰두하는 것이 필요하다.

• 작은 눈

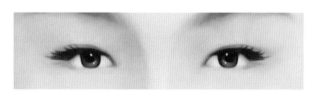

조심스럽고 신중한 타입이다. 내면의 충실함을 중요하게 생각하므

로 화려하게 자신을 어필하지는 않지만 그렇다고 해서 소극적이지도 않다. 참을성이 강하고, 의지가 강해서 보통은 중년기 이후부터 운이 상승한다. 한 번 결정한 것은 끝까지 해내는 강한 의지력을 가지고 있으며, 시간이 걸리더라도 결국에는 좋은 결과에 이르는 사람이다. 의사표시를 잘 하지 않기 때문에 눈에 띄거나 튀지 않지만 열심히 자신의 스타일대로 노력하는 형이라 성공한다. 눈빛에 힘이 있으면 성공하고 눈빛에 힘이 약하면 운도 약하다.

• 눈꼬리가 올라간 눈

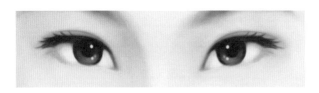

보통 고양이 눈을 닮았다고 해서 '묘목(猫目)'이라 한다. 위로 올라간 눈을 가진 사람은 긍정적이어서 어떤 일이든 잘 이룰 수 있다. 자신이 느끼는 감정이 바로 얼굴에 나타나는 편이고, 자아가 강하며 독립적인 경향이 있어서 자신의 길을 걷는 타입이다. 여성이 이 형태의 눈을 가졌다면 여장부 스타일이라 할 수 있다.

35~40세 사이에 자만에 빠지지 않고 스스로를 잘 다스려 겸허해지느냐에 따라 노년의 운명이 변한다. 이러한 눈을 가진 여성은 결혼을 하더라도 자의식이 강해 남편을 하대하고 자기주장이 세다. 기본

적으로 성격이 과격하고 급하기 때문에 적을 만들기 쉽다. 특히 눈에 날카로움이 있는 경우에는 다른 사람의 이야기가 무엇이든지간에 부정하는 경향이 있으므로, 상대가 불쾌함을 느끼지 않도록 말하는 데 주의를 기울여야 한다. 단, 고양이 눈매에 얼굴형이 둥글면 착하고 순수하며 이성으로부터 인기가 많다.

● 아래로 처진 눈

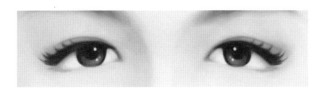

자신의 감정을 밖으로 표현하지 않는 타입이지만, 친절한 성격으로 사람들에게 호감을 사는 편이다. 사교적이며 주위의 지원을 받아 결과를 내는 양운(良運)을 가진 사람이다. 노력형이기도 해서 35세 이후에 운이 안정된다. 또한 자신에게 이익을 주는 사람을 발견하는 능력이 뛰어나므로 좋은 파트너를 찾으면 인생을 즐겁고 윤택하게 살 수 있다. 그러나 매사에 '좋은 게 좋다'라는 주의로 빠질 수 있고, 때에 따라 상당히 비관적이거나 부정적으로 변하기도 한다.

눈이 처졌는데 큰 편이라면 정재계에서 이름을 떨칠 확률이 높고, 여성의 경우 현상을 꿰뚫어보는 능력과 맺고 끊음이 분명하다.

• 돌출된 눈

 눈이 돌출되고 눈두덩이가 두꺼운 사람은 정력이 있고 사업에서도 성공할 상이며, 남을 챙기는 것을 좋아하고 배포가 크다. 안구가 크면서 물고기처럼 둥글게 눈이 튀어나온 사람은 관찰력이 뛰어나고 대부분 말하기를 좋아하거나 손재주가 뛰어나다. 참고로 남성이 둥근 얼굴형에 눈이 돌출되어 있으면 잘 웃고 말을 잘한다. 눈이 돌출된 사람은 영감이 넘치고 아이디어가 풍부하므로 데이터보다 자신의 감을 믿고 움직이면 월등하게 성과를 낼 수 있다. 눈이 튀어나왔다는 것은 마치 물이 흐르는 것과 같다고 해서 재물이나 명예, 건강 부분이 흐를 수 있으므로 항상 조심해야 한다.

• 푹 꺼진 눈

 눈썹뼈가 튀어나오고 눈썹과 눈 사이 눈두덩이가 좁으며 살이 없고 눈이 안으로 들어간 눈은 서양인에게서 흔히 볼 수 있다. 또는 마름모로 각이 지고 눈두덩이 살이 처져 있는 눈이기도 하다. 주위에 좌우되지 않고 자신의 길을 걷는 사람으로, 한 방에 부를 거머쥐기보다는 착실하게 일하고 노력하여 성공하는 대기만성형이다.

날카로운 관찰력이 있고 사람의 내면을 중시한다. 감정을 표현하는 것에 서툴고 수수한 인상이지만, 꿈을 향해서는 물불 가리지 않고 노력한다. 이러한 성향의 사람이 사회에서 활약하기 위해서는 좋은 파트너가 필요한데, 파트너는 자신의 성격과 반대인 사람을 만나는 것이 좋다. 매사에 냉정하고 침착한 편이다.

그러나 여성의 경우에는 부정적인 면이 더 많다. 전반적으로 어두운 인상을 주어 일이 잘 풀리지 않으며, 성격이 급하고 다소 신경질적일 수 있어 결혼할 배우자는 그러한 면을 이해해주는 사람을 만나는 것이 좋다.

• 눈 사이가 가까운 눈

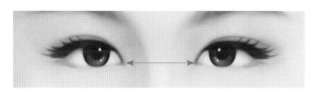

감이 예리하고, 사람의 마음을 꿰뚫어보거나 상황을 판단하여 정확하게 대응하는 관찰력이 뛰어나다. 반면에 쉽게 달아오르고 식는 성질도 가지고 있어 이직을 반복하기도 한다. 다른 사람을 잘 믿지 않는 경향이 강하고 민감하게 반응한다. 일에 쫓기기보다 자신이 하고 싶은 대로 움직이면 운이 상승한다.

• 눈 사이가 먼 눈

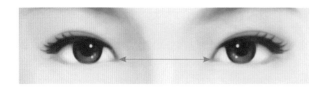

  매사에 되는 대로 살아가려는 성향이 강하다고 할 수 있다. 태도나 마음가짐은 의젓하며 호기심이 많고 학식이 넓으며 재주가 많다. 판단력이 비교적 약한 편이다. 대인관계에서 꼬치꼬치 따지는 일이 적어 대부분의 사람들과 소통을 잘한다.

• 삼백안

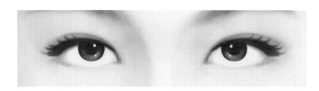

  눈을 정면으로 바라보았을 때 검은 눈동자를 둘러싼 흰자위가 3군데인 삼백안의 사람은 머리가 똑똑하고 자부심이 강한 이상가다. 비밀을 쉽게 만들거나 숨기는 것이 많은 사람이기도 하다. 때로는 스스로 말하는 것과 다른 것을 생각하기도 한다. 따라서 중년기에는 주의가 필요하다. 또한 경쟁심이 강하고 극단적으로 사람을 의식하는 부분이 있다. 그러므로 사람들의 말에 현혹되지 말고 자신만의 인생을 설계해나가는 것이 필요하다.

• 사백안

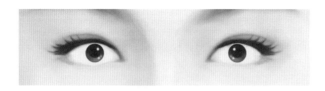

　동공이 아주 작아서 눈의 위아래, 좌우 흰자위가 모두 보이는 사백안은 정신 상태가 불안정하여 쉽게 트러블을 일으키고 삼백안보다 성격이 더 강하다. 가끔은 머리가 너무 잘 돌아가서 과한 예측을 하는 경우도 있다. 사백안은 정신착란을 일으키기도 하므로 주의가 필요하다. 특히 스트레스에 취약하므로 과감히 환경을 바꾸는 것이 좋다. 정신적으로 안정되지 않으니 재난이나 소송, 재물의 손실에 특별히 주의해야 한다.

• 동그란 눈

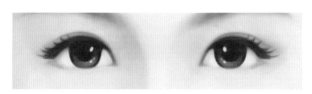

　동물적인 감이 뛰어나 번뜩이는 재치가 풍부하여 일을 요령 있게 처리하는 스타일이다. 실패를 다음 성공으로 연결시키는 적극적인 성격도 매력이다. 긍정적이며 말한 것은 금방 행동으로 옮긴다. 주변에 많은 사람이 따르고, 윗사람이 적극적으로 지원해주는 편이다. 감수성이 풍부하고 밝은 행동파이다. 한편 눈의 좌우 길이가 짧을수록 성격이 급하고 부주의하게 행동하여 부상이나 사고를 당할 수 있으므로 행동을 조심해야 한다. 특히 갑상선 질환에 주의해야 한다.

• 가느다란 눈

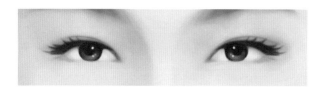

감각보다는 사고를 우선시하는 타입이다. 통찰력이 뛰어나 깊게 생각하고 행동한다. 어떠한 일에도 잘 동요하지 않고 속내를 잘 드러내지도 않기 때문에 쿨하게 보이지만 의외로 인정이 많고 따뜻하다. 인상과는 다르게 마음씨가 고운 것이 특징이다. 계산에 능하고 작전이나 전략을 잘 짠다. 참고로 가늘고 긴 눈은 진취적이라 남의 밑에서 일을 하지 못하며 부귀하게 살 형태이다. 반면 눈이 가는데 작으면 큰일은 못하고 소박하게 살아간다.

사람을 가려서 사귀는 편이므로 사람과 만날 때는 먼저 미소를 짓고, 항상 웃는 얼굴을 지닐 수 있도록 노력해야 한다. 여성의 경우에는 인상이 차가워 보일 수 있으나 따뜻함과 애정을 가지고 있다.

• 삼각형 눈

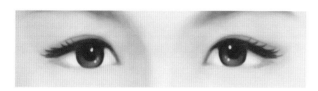

삼각 눈의 정점이 위에 있는 윗 삼각 눈이라면 관찰력이 뛰어나고 자신감과 자존심이 강해 타인으로부터 비평받는 것을 극도로 싫어한다. 정점이 아래에 있는 아래 삼각 눈이라면 마음이 좁고 현실적이라서 손해 보는 것을 참지 못한다. 집착이 있고 냉정하며 질투심이 강하여 부와 권세를 좇는 눈이다. 두뇌가 명석하며 일 면에서는 각각의 기질을 살려 활약하고 충실하다.

• 눈물이 촉촉하게 고인 눈

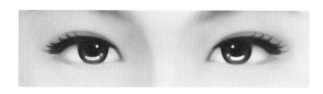

성에 대한 관심이 강한 사람이다. 적극적으로 이성에게 다가가며, 정신적인 궁합보다 육체적인 궁합을 중요시한다. 항상 불안정하고 다른 사람에 의해 좌지우지되므로 감정기복이 심하다. 이런 눈을 가진 사람은 전신을 빛나게 하는 노력을 기울이면 운이 좋아진다.

• 좌우 크기가 다른 눈

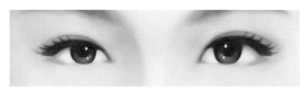

· 왼쪽 눈 〈 오른쪽 눈

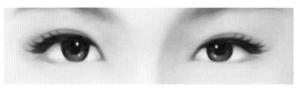

· 왼쪽 눈 〉 오른쪽 눈

좌우 눈의 크기가 다른 사람은 양과 음의 성향이 공존한다. 자아가 강한 것에 비해 마음이 약하다. 근성은 있으나 인생에 굴곡이 많으며, 남성이라면 여성에게 너무 관대해서 호되게 당하는 경험이 많을 수 있다.

남성의 왼쪽 눈이 오른쪽 눈보다 작으면 아내에게 눌려지내는 공처가로 살아가며, 여성의 오른쪽 눈이 왼쪽 눈보다 크면 남편보다 기가 세서 자신이 다 이기려고 한다.

사귀는 사람에 따라 인생이 크게 좌우되므로, 가능한 인성이 좋고 신뢰할 수 있는 사람을 만나야 한다. 그러한 사람을 분별할 수 있는 안목을 기르는 것이 중요하다.

• 좌우 높낮이가 다른 눈

좌우의 눈이 수평이 아니라 상하로 어긋나 있는 사람은 사물을 보는 방법이 손바닥 뒤집듯이 바뀌는 경향이 있다. 성실한 사람이라도 매번 말하는 것이 다르기 때문에 주위 사람들로부터 신뢰를 얻기 힘들다. 이성간의 관계에서도 문제를 쉽게 일으키므로 정신이 불안정해질 때는 아름다운 풍경이나 그림 등을 보면서 마음의 안정을 찾는 방법이 좋다.

• 쌍꺼풀이 있는 눈

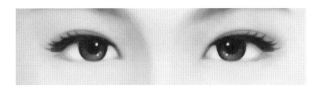

결단력이 있고, 생각한 것을 바로 행동으로 옮기는 사람이다. 매사에 충동적이어서 실패도 많지만, 전환이 빠르고 적극적이며 수습을 잘한다. 성격이 밝은 편이므로 친구도 많고 사교성이 좋다. 순발력은 뛰어나지만 유지하는 힘이 약해서 쉽게 질린다. 무언가를 시작할 때는 다른 사람과 함께 행동하여 지속력을 높이는 것이 필요하다.

● 쌍꺼풀이 없는 눈

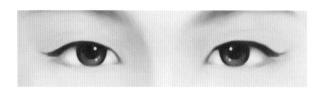

　심사숙고 후 하나하나 확실히 선택하는 신중파다. 결단하는 데까지 시간이 오래 걸리지만 실패할 확률은 적다. 완고한 의지와 참을성이 강해 목표 달성을 위해서라면 꾸준히 노력하는 편이다. 그러나 너무 겸손하기 때문에 사람들에게 휘둘릴 수 있으므로 싫은 것은 싫다고 확실히 말할 수 있다면, 오히려 주위 사람들과 좋은 관계를 이어나갈 수 있을 것이다.

인생의 행운과 불운을 알 수 있는 눈썹

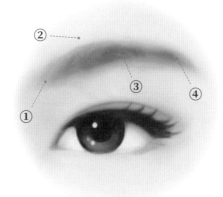

① **미두**(眉頭) : 초년기의 운을 나타내고 관찰력, 통찰력의 유무를 알 수 있다.
② **눈썹 뼈**(眉骨) : 의지의 강하며, 예술에 관한 감도를 나타낸다.
③ **미중**(眉中) : 중년기의 운을 나타내며, 색채감각의 유무를 알 수 있다.
④ **눈썹꼬리**(眉尻) : 노년기의 운을 나타내며 사무처리 능력의 유무를 판단한다.

　눈썹의 형태에 따라 얼굴 전체의 이미지가 바뀌듯이 인생 또한 눈썹의 형태나 길이에 크게 좌우된다. 좋은 눈썹을 가지고 있으면 인생에 행운이 찾아오지만, 좋지 않은 눈썹을 가지고 있으면 인생도 다사다난하고 파란만장해지는 경향이 있다.

　과거에는 눈썹으로 형제운을 많이 봤으나 현대에는 함께 일하는 동료운이나 주변 사람과의 운, 대인관계로 많이 해석한다. 따라서 신경 쓰이는 부분이 있다면 브러시로 정리하거나 그리는 것만으로도 운을 끌어올릴 수 있다. 걱정되는 일이 있으면 눈썹과 눈썹 사이가 가까워지며 세로 주름이 생기고, 기쁠 때는 눈썹과 눈썹 사이가 펴지며 표정이 밝아지듯이 눈썹에는 사람의 감정이 자연스럽게 나타난다.

눈썹은 아치형의 넉넉한 인상을 주는 것이 최상이며, 이는 너그러운 마음의 소유자이자 좋은 운을 가진 사람임을 나타낸다. 눈썹의 길이는 콧방울과 눈썹 꼬리를 연결한 연장선상까지 뻗어있고 너무 짙지도, 너무 옅지도 않으며 눈썹 모양이 예쁘고 가지런한 것이 좋다. 두께는 첫 시작 부분의 폭은 아주 조금 넓고, 중간부터 아치가 가장 높은 곳까지는 동일한 폭, 눈썹 꼬리로 향할수록 점점 얇아지는 것이 좋다고 볼 수 있다.

눈썹에서 가장 높은 부분의 위쪽을 '천이궁'이라 한다. 천이궁이 높이 솟고 살집이 있으며 아름다운 광채가 나타나면 근심이 없고 늙어서까지 운이 좋다.

눈썹과 눈썹 사이(미간)를 '명궁'이라 한다. 이 부위가 밝고 깨끗하면 학문에 통달하며, 반대로 주름이나 잔금, 쑥 들어가거나 가라앉아 있으면 금전의 손실을 초래한다. 명궁이 지나치게 넓으면 자기주장만 앞세워 타협할 줄 모르고, 반대로 좁으면 자의적 판단력이 부족해진다. 또한 이 부위에 세로 주름이 있으면 30~40대에 몸이 아프거나 수술 등 병리적인 현상이 나타날 수 있으므로 주의해야 한다.

• 눈썹 명칭 표준

눈썹 어깨(미견)

눈썹 머리(미두)　　　눈썹 꼬리(미고)

• 눈썹 굵기와 모양

남성적인 눈썹　　　**여성적인 눈썹**

: 완만하고 직선에 가까움　　　: 자연스러운 곡선 모양

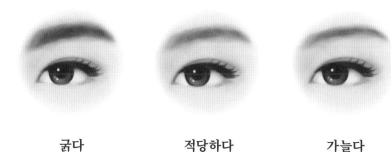

굵다　　　**적당하다**　　　**가늘다**

• 짙은 눈썹

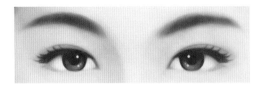

　피부가 보이지 않을 정도로 눈썹이 밀집되어 검고 짙게 보이는 눈썹은 정열이 넘치기도 하지만 이성적이고 성실함을 나타내는 것이기도 하다. 정통이나 습관을 중요시하고 일을 신중하게 처리하는 타입이며 형제의 인연도 타고났다. 다른 사람을 챙기기 좋아하며 주위로부터 신뢰가 두터운 것도 매력이다.

• 옅은 눈썹

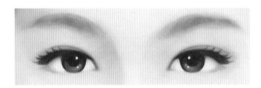

　피부가 보일듯이 눈썹이 적고 색이 옅은 눈썹은 전체적인 분위기가 발랄하고 상큼한 사람이다. 자신의 기분이나 욕구를 솔직하게 표현하는 편이다. 구애받는 것이 없고, 새로운 것에 유연하게 대응한다. 유머러스하기 때문에 주변에 사람이 늘 모인다. 그러나 지도력이 부족하고 소극적이며 결단을 잘 내리지 못하는 유형이다. 성격이 유약하며 다른 사람에게 의지한다. 눈썹이 너무 옅으면 사람을 끌어당길 수 없으므로 아이브로우로 눈썹을 그려주고 정리하면 좋다.

눈썹이 지나치게 옅은 데다 중간에 끊어졌거나 매끄럽게 이어지지 않았다면, 부부의 인연이 약할 수 있어 좋은 상이 아니다.

• **두꺼운 눈썹**(굵은 눈썹)

확고한 자아를 가지고 있으며, 자기주장이 확실하다. 행동력이 있고 활기가 넘치며 경쟁심이 강하고 완벽주의자이기도 하다. 눈썹이 좋다는 것은 성공을 나타낸다. 특히 눈썹이 두꺼우면 다른 사람을 위해 노력하는 것을 좋아하는 사람이다. 그 때문에 자신의 행복을 뒤로하기 쉬우므로, 자기 자신도 소중히 여기는 노력이 필요하다.

• **얇은 눈썹**(가는 눈썹)

주변의 조화를 중요시하는 따뜻하고 섬세한 마음의 소유자다. 풍부한 감성과 뛰어난 미적 센스를 살려 창조적인 일을 하는 것이 어울

린다. 타인과 경쟁하는 것보다 스스로가 즐겁고 만족하는 일을 추구하는 타입이다. 그러나 눈썹이 너무 얇으면 소극적이며 실행력이 부족하다. 어딘가에 정착하지 못하고 이리저리 흘러가는 인생을 살 수 있으므로 아이브로우로 적당한 두께감을 표현해주는 것이 안정성을 얻는 수정법이다.

● 긴 눈썹

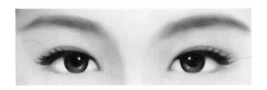

옆머리가 있는 부위까지 길게 이어지는 눈썹을 가진 사람은 느긋하게 준비하고, 천천히 여러 가지 일을 고려하여 행동하는 사람이다. 성격이 온화하다. 정신없이 운을 개척하기보다는 자연의 흐름에 몸을 맡기는 편이다. 탐구심이 강해 공부를 열심히 하고, 좋은 지도자가 될 상이다.

그러나 친형제의 인연이 깊어 때로는 부담감을 크게 느끼기도 한다. 형제나 주변 사람들보다는 현재 자신의 가정을 중심에 두고 먼저 살피며 고려할 필요가 있다.

 여기서 잠깐!

『마의상법』에서 보면, 길고 완만하게 곡선을 이룬 눈썹을 '청수미'라고 한다. 이 눈썹은 일찍부터 직업운이 좋다. 국내 연예인을 예로 들자면 박주미, 송혜교, 구혜선 등을 꼽을 수 있다.

• 짧은 눈썹

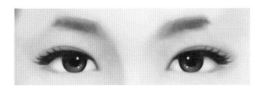

눈썹 앞머리만 짙고 눈썹 중앙부터 꼬리가 옅거나 희박한 눈썹을 가진 사람은 여러 가지 일을 순식간에 결정하고 아이디어가 떠오르면 바로 행동으로 옮긴다. 열정적이고 자신이 믿는 방향으로 매진하지만, 성격이 급하고 감정적인 편이라 주의해야 한다. 어떤 일에 대해 깊이 생각하지 못하고 즉흥적인 면이 많아 생활이 안정되기가 어렵고, 부모·형제와는 떨어져 사는 경우가 많다. 너무 짧은 눈썹은 미혼이나 독신을 의미하기도 하므로 아이브로우로 길이를 길게 그려줌으로써 좋은 인연을 불러들일 수 있도록 하는 것이 좋다.

• 각진 눈썹

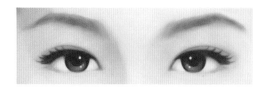

돈 거래에 관한 재능이 뛰어나다. 상상력과 모험심이 풍부해 익사이팅한 인생을 추구하고 즐기며 산다. 한쪽 눈썹만 각이 져 있는 것은 금전운이 좋은 인상이다. 머리가 똑똑한 만큼 자신을 합리화하는 말을 내세워 상대를 공격하는 경우가 있는데, 사람들과의 원만한 관계를 유지하고 싶다면 하고 싶은 말이 있어도 참거나 에둘러 말하는 방법을 구사하는 자세가 필요하다.

• 아치형 눈썹

초승달처럼 눈썹이 부드러우면서 가지런하고 눈썹 바닥이 보이는 완만한 아치형은 이상적인 눈썹 모양이다. 예술적 센스가 뛰어나며, 정서가 풍부한 로맨티스트다. 평생에 걸쳐 운이 좋기 때문에 특별히 고생하지 않고도 명성과 인기를 얻는다. 아치형이기는 하나 눈썹에 흐트러짐이 있는 사람은 정에 휘둘려 다른 사람에게 속기 쉬우므로 지성을 갈고닦아 처세술을 배우는 것이 도움이 된다.

• 양 눈썹이 이어진 눈썹

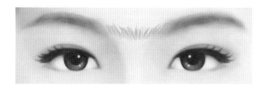

　양쪽 눈썹이 이어져 있거나 양 눈썹 사이에 잔털이 많은 사람은 경계심이 강하고 내성적이며, 고민이 많고 사소한 일에도 많은 걱정에 휩싸이는 성향이다. 다른 사람과 사귀는 것도 서툴지만, 관계를 맺은 이후에도 질투심 때문에 관계가 깨진다. 일 처리에 있어서도 자신감이 부족한 편이다. 초년부터 고생을 많이 하지만 30살 이후에 운이 열린다. 눈썹이 연결되어 있으면 감정을 억누르지 못하므로 눈썹 사이의 털을 밀거나 왁싱하여 정리하면 이러한 문제가 개선되는 효과를 얻을 수 있다.

• 양 눈썹 사이가 먼 눈썹

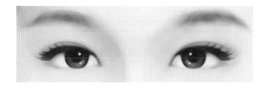

　보통 눈썹과 눈썹 사이에는 손가락이 2개 정도 들어갈 만큼 사이가 벌어진 것이 좋다. 이 정도로 사이에 간격이 있거나 이보다 더 먼 사람은 오픈마인드로 사람을 끌어당기는 매력이 있다고 해석한다. 주위의 지원을 받아 운이 열리는 시기도 빠르다. 여성의 경우에는 눈썹 사이가 넓으면 성적으로 루즈해지기 쉽기 때문에 눈썹 첫 부분 쪽을 그려주는 것이 좋다.

• 눈과 가까운 눈썹

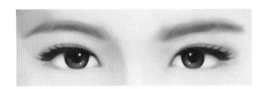

친구나 후배 운이 좋아서 주변으로부터 지원을 받지만, 결국에는 자신의 실력으로 운을 잡는 타입이다. 눈과 눈썹 사이의 살집이 두터우면 성공하기 쉽고, 얇은 사람은 수수한 경향이 있다. 평생 유산과는 인연이 없다고 볼 수 있다. 노력 없이 재산을 얻는다고 해도 낭비로 날리기 쉬운 사람이므로 재산에 관한 재판은 신속히 그만두는 것이 결국에는 득이 된다.

• 눈과 떨어진 눈썹

눈과 눈썹이 떨어져 있는 사람은 넓고 따뜻한 마음을 가졌다는 증거다. 통찰력이 있으며 작은 부분에 집착하지 않는 편이다. 친형제와의 교류가 깊고, 윗사람의 지원이 따른다. 형제 중에서도 재산을 지키는 입장이 되는 사람이다. 만약 재산을 물려받았다면 토지를 돈으로 바꾸어 자산을 운용하기 쉬운 형태로 관리하는 것이 필요하다.

• 눈썹털이 아무렇게나 난 눈썹

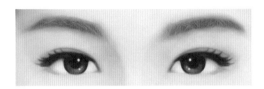

평소 기분이 일정하지 않다. 다른 사람의 의견을 잘 듣지 않으므로 평생에 걸쳐 대인관계에서 문제가 많을 수밖에 없다. 윗사람과의 인연이 거의 없고, 전체적으로 파란만장한 인생을 보낸다. 눈썹 브러시로 눈썹을 정리하거나 아이브로우로 일정하게 그려주면 운이 안정되어 좋은 일이 많이 생긴다.

• 좌우 높이가 다른 눈썹

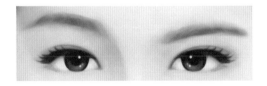

좌우의 높이가 일치하지 않는 눈썹은 대개의 경우 복잡한 가정환경에서 자란 사람에게 많은 상이다. 부모나 형제들로부터 애정을 받지 못하고, 고생을 많이 한 사람이다. 인생이 파란만장하고 불안정해지기 쉽다. 이런 눈썹을 가졌다면, 좌우 눈썹의 높이가 같아지도록 깎거나 그려야 한다. 좌우 눈썹 높이를 어색하지 않을 정도로 맞춰주면 판단력이 생겨 사람을 보는 눈이 정확해진다.

• 중간에 끊어진 눈썹

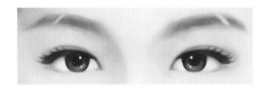

눈썹의 일부가 상처 등으로 끊어져 있는 것은 집안에 재난이 생겼 거나 집안과의 인연이 거의 없는 것을 나타낸다. 그러나 그런 경험으 로 인해 자립심이 싹트기 때문에 곤란한 상황에 대처할 수 있는 강 인함을 익히게 된다. 행동력은 뛰어나지만 마무리가 약한 편이다. 눈 썹이 없는 부분을 아이브로우로 메우면 실패를 줄일 수 있다. 가족 과의 인연이 없다 해도 친구와의 우정을 쌓는 것에 공을 들이면 주변 에 사람이 모인다.

• 치켜 올라간 눈썹

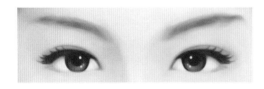

눈썹이 위로 치켜 올라간 사람은 다른 사람의 힘이나 권위에 기대 지 않고 자신의 힘으로 모든 일을 해내는 사람이다. 끈기와 인내심이

강하고 자신의 속마음을 잘 드러내지 않는 편이다. 대인관계가 원만하다. 활동적이면서 낙관적이고, 타고난 야심과 결단력으로 목표를 이룬다. 겉으로는 부드러운 것 같지만 속으로는 불만이나 의심을 품기도 한다.

그중 눈썹이 부드럽고 깔끔하게 나 있으면 큰 명성을 얻을 수 있는 상이다. 그러나 자신도 모르는 사이에 자기중심적인 대화나 행동을 많이 하게 되므로, 다른 사람의 이야기를 잘 듣고 실례를 저지르지 않도록 주의해야 한다. 이런 눈썹을 가진 사람은 기술직이나 전문 분야에서 일하면 좋다.

• 아래로 처진 눈썹

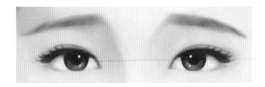

마음에 아무런 근심 걱정이 없으며 밝고 친절하므로 누구하고나 마음을 터놓을 수 있다. 연약해 보이지만 의외로 본성이 꿋꿋하다. 한편으로는 다른 사람의 힘을 이용하여 자신에게 이익이 되게 하는 요령을 갖고 있다. 인심이 좋아 지출이 많아지기도 하지만, 돈이라는 것은 움직이기 때문에 후에 다른 형태로 돌아오므로 크게 걱정하지 않아도 된다.

• 쭉 뻗은 눈썹

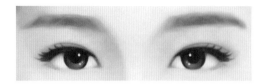

직선적인 발언이나 행동을 한다. 결단력이 있고 두뇌가 명석하며 냉정하다. 눈앞의 것에 유혹당하지 않으며, 무엇이든 척척 잘 처리하는 편이다. 흐트러짐만 없으면 유능한 지도자나 조직의 리더가 될 수 있는 타입이다. 곧고 짙은 눈썹을 가진 사람은 말이 많아서 실수를 저지르기 쉬우므로 쓸데없는 말을 하지 않도록 주의해야 한다.

나 교수의 상담실

Q. 팔(八)자 눈썹은 어떤가요?

A. 눈썹 머리 부분은 높고 눈썹 꼬리가 낮은 팔(八)자 눈썹을 해석해 놓은 고서에 의하면, 언변이 좋은 반면 형제가 없거나 형제와의 인연이 약하다고 봅니다. 또한 배우자 인연도 마찬가지일 확률이 높습니다.

흩어진 눈썹

참고로 눈썹 머리 부분은 고르나 끝으로 갈수록 눈썹 꼬리 부분의 털이 빗자루처럼 흩어져 있는 사람은 돈이나 재산을 모으기가 어렵습니다. 의지와 인내력이 부족하고 계획은 많으나 실천력이 약하기 때문입니다. 대체로 자식이나 재물이 있다 하더라도 노년이 되면 거의 없어진다고 해석합니다.

재물운과 중년운을
보여주는 코

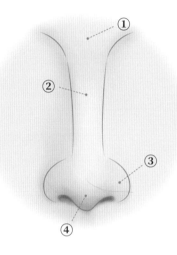

① **산근**(山根) : 코의 시작 부분으로 깨끗하며 밝고 곧으면 인생 전반의 운이 좋고, 움푹 패여 있으면 수명이나 건강, 일, 가정생활에 문제가 생기기 쉽다.

② **비주**(鼻柱) : 의지력의 강약, 투지의 유무를 알 수 있다. 똑바르면 정직하고, 재능을 발전시키기 위한 건강한 신체와 활력을 가진 것으로 본다.

③ **금갑**(金甲) : 콧방울은 금전운과 생활력을 나타낸다. 형태나 그 퍼짐으로 돈의 사용 방법, 일이나 인간관계를 구축하는 방법을 판단한다.

④ **준두**(準頭) : 코끝으로 애정운, 금전운을 알 수 있다. 둥글고 형태가 좋으면 부와 성공을 손에 쥘 수 있다.

    얼굴의 중앙에 있는 코는 자신을 상징하면서도 사회적인 활동이나 행동, 재물 등을 볼 수 있는 자리이다. 특히 코끝인 준두와 콧방울은 '재백궁'이라 하여 재물 창고의 크기를 나타낸다. 코끝이 둥글고 콧구멍이 드러나지 않으며 도톰해야 부귀를 누리고 재물운이 좋은 상이다.

참고로 코가 지나치게 높으면 자기중심적이라 어딘가에 소속되어 조직적으로 일하기가 어렵다. 따라서 자영업을 하거나 독립적으로 하는 일이 맞다.

코와 함께 광대가 솟아 있지 않으면 주변에서 도와주는 협력자가 없어 추진만 할 뿐 일이 지연되거나 어려움이 생긴다. 반대로 콧대가 지나치게 낮으면 의지가 약하다.

• 산근에서 코끝까지 3등분

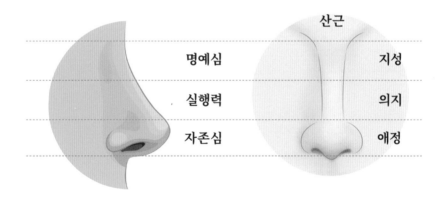

• 큰 코

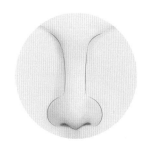

확실한 자아를 가진 자신가다. 코가 풍만하며 밝고 맑으면 재물이 넉넉하고, 코가 크면 활력이 있고 항상 목표를 향해 전진한다. 일을 척척 해내고 재물운이 좋으며, 전체적인 운세도 강해 행복한 인생을 보낸다. 특히 얼굴 중앙에 코만 극단적으로 큰 사람은 자기주장이 강하고 자신을 과신하여 행동이나 언동이 폭발하기 쉬우므로 자신의 언행을 의식적으로 살피며 주의해야 한다.

• 작은 코

다른 사람과의 조화를 중요시하며 협조성이 있고, 자랑할 만한 것을 남에게 드러내 보여주려는 욕구가 강하지 않은 편이다. 평소 사람들에게 싹싹한 성격인데, 이때다 싶을 때에는 배짱도 있어서 주위 사람들에게 호감도가 높다. 그러나 원래 가진 재능보다 '이 정도면 됐겠지'라며 자신을 과소평가하는 경우가 있으니 좀 더 정확하게 자신을 분석하고 자신감을 가질 필요가 있다.

• 높은 코

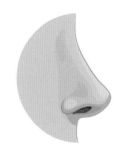 두뇌가 명석하고 상당한 자신감을 가지고 있다. 보통 자신감에 차 있는 사람을 빗대어 '콧대가 높다'라고 말하는데, 이는 전혀 근거 없는 이야기가 아니다. 코가 높은 사람은 스스로에 대해 프라이드가 높고 완벽주의자 성향이 짙다. 다른 사람에게 어떻게 보이는지를 중시한다. 볼 주변이 함께 높지 않으면 주위로부터 지원받기 어려워 쉽게 독립하게 된다. 자신뿐만 아니라 남에게도 엄격하므로 좋은 의미에서 '적당함'이 필요하다.

 ① **코끝이 높은 사람** : 미간 사이 콧대가 낮고 코끝이 높은 사람은 하고 싶은 것은 많으나 신중하여 한 번 더 생각하는 경향이 있다.

 ② **콧대가 높은 사람** : 콧대부터 시작하여 전체적으로 높은 사람은 자기애가 강하다. 다른 사람 말에 휘둘리기보다는 자기의 생각을 중요시하고, 그에 맞는 것을 밀고 나간다. 다만, 너무 자기의 생각만을 믿고 과하게 추진할 경우 예기치 못한 상황들이 생길 수 있으니 주의하는 것이 좋다.

코의 위쪽(미간 사이의 산근)이 오목하게 파여 있으면 지성이 낮다. 감정 기복이 심해서 영화 등을 보며 혼자 울고 웃는다. 산근부터 코가 일자로 뻗은 코 모양은 머리는 똑똑하나 자존심이 강하고 사람을 업신여기는 경향이 있다.

• 낮은 코

얼굴 전체적인 밸런스로 보아 코가 낮은 사람은 겸허하고 애교가 있으며, 밝고 주위에 마음 씀씀이가 좋은 사람이다. 인간관계에서도 트러블이 거의 없다. 일도 열심히 하는 부지런한 사람이지만, 자신감이 부족한 경향이 있다. 자신감을 끌어올리는 수양을 지속하며 자신을 반짝이게 해줄 수 있는 도전을 해보는 것이 좋다.

• 긴 코

코가 긴 사람은 새로운 것이나 변화를 싫어하는 보수적인 생각의 소유자다. 책임감이 강하고, 정직하며 꼼꼼하고, 확실한 일처리로 높은 평가를 얻지만 너무 신중해서 기회를 놓치는 경우도 있으므로 즉단즉결하는 용기가 필요하다. 특히 달콤한 말에 약해서 의식하고 주의하지 않으면 다른 사람에게 이용당할 수 있다. 주변 사람의 말보다는 상대의 행동을 중시해 판단하도록 해야 할 것이다.

• 짧은 코

짧은 코를 가진 사람은 사회의 변화와 발전에 관심을 두는 진보적인 생각을 가지며, 어떤 일에도 유연하게 대처하는 편이다. 한마디로 잘 노는 낙천가다. 누구에게든 친절하기 때문에 친구도 많다. 코에 살집이 적당하면 돈을 만들어내는 힘이 있어 화려한 생활을 즐길 수 있다. 그러나 어느 한 가지 일에 성실히 임하는 것이 어렵기 때문에 꾸준히 자신을 단련시켜야 좋은 성과가 따라올 것이다.

• 둥근 코(넓은 코)

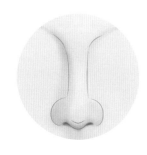

콧방울과 코끝이 우아하고 아름답게 둥근 사람은 미술이나 음악에 관심이 높고, 금전운도 있는 것이다. 게다가 마음이 따뜻하고 착하며 친절한 사람이다. 코가 둥근 사람은 젊은 시절부터 운이 열려 고생 없이 산다. 평소에 체력적으로 무리가 되지 않도록 자기 관리를 확실히 하는 태도가 중요하며, 마음이 성급해지기 쉬우므로 침착하게 행동해야 한다.

 여기서 잠깐!

코끝이 둥글고 크며 콧방울이 부풀어 있고 살집이 좋을수록 재물운이 있다. 이 콧방울이 잘 부풀어 있을수록 의지가 강하고 실행력이 있다. 콧방울이 유독 위로 올라간 코는 의욕이 왕성하다. 다른 사람의 도움을 받을 수도 있고, 어려워져도 다시 힘차게 일어선다.

반대로 좌우 콧방울이 작고 튀어나오지 않으면 재산을 모으기가 어렵다. 콧방울이 둥그렇게 올라오면 돈으로부터 자유로운 삶을 산다.

코 아래쪽으로는 재물과 인간관계를 보는데, 아래쪽만 발달하여 콧방울이 튀어나온 코는 스스로 열심히 하는 편이므로 만년운이 좋다. 아래쪽이 연약하고 전체적으로 편편한 코는 소극적인 성향을 띤다.

• 코끝이 뾰족하고 좁은 코

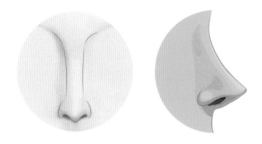

　아래로 처지면서 끝이 가는 코는 욕심이 많고 자신의 이익을 위해
계략을 세우며 간혹 다른 사람을 깎아내리는 말을 하기도 한다. 자칫
이기적으로 자신만 생각하면 코의 살집이 깎여나가 성공이 유지되지
않을 수 있으니 다른 사람을 즐겁게 하는 일을 하며 덕을 쌓는 것이
필요하다. 코에 살집이 없이 마르고 혼탁하면 재물이 사라지는 상이
라 판단하므로 주의해야 한다.

• 휘어진 코

　기본적으로 코가 똑바르고 한쪽으로 치
우치지 않으면 재복이 좋은 것으로 본다.
콧날이 휘어졌으면 기분이 쉽게 변하는 성
격을 가지고 있으며, 기복이 많은 인생을
살아간다는 것을 의미한다. 굉장히 정직하
고 겉과 속이 같다. 하지만 감정을 곧바로 내보이는 성향으로 사람과의 충돌을 불러일으키는 경향이 있다. 커뮤니케이션에 서툴러 손해를 보는 경우가 많으므로, 원활한 소통법에 관심을 가지고 아름다운 대화를 이어가는 연습을 하는 것이 좋다.

특히 코가 오른쪽으로 휜 사람은 인색하여 돈을 쓰지 않고 종일 돈 벌 생각만 하며, 일이 발생해도 직접적으로 반응하지 않고 생각을 정리한 후에 표현한다. 노력하지 않고 결과를 얻으려는 생각이 강하다.

• 콧구멍이 큰 코

쾌활하고 호탕하며 이야기하는 것을 좋아하여 비밀이 거의 없는 사람이다. 생명력이 강해서 밖에 나가 사람들을 만나고 활동하는 것이 활력의 원천이다. 보스 기질이 타고나 인심이 좋고 주변에 사람이 모인다. 젊은 시절부터 인정을 받아 활약하며 재물을 쌓는다. 모은 돈을 교육이나 여행 등의 경험에 사용하면 좋은 운이 계속해서 이어진다.

• 콧구멍이 작은 코

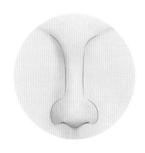

조용하고 조심스러운 면이 강하다. 걱정이 많고 신중하며 실패하지 않기 위해 앞일까지 미리 생각해서 행동하는 편이다. 입이 무겁기 때문에 말을 함부로 퍼트리지 않아 신용도가 높다. 콧구멍은 작지만 콧방울이

퍼져 있으면 재산을 모은다. 그러나 돈에 있어서는 대범하지 않은 부분이 있어 아끼는 것이 도를 지나치면 사람들이 싫어한다. 적절히 베풀고 나눌 수 있어야 운이 열린다.

 여기서 잠깐!

콧방울로 보는 코 : 콧방울은 인상학에서는 '금갑(金甲)'이라고 하며 금전운을 나타낸다. 콧방울이 작고 튀어나오지 않으면 금고가 작아 돈이 잘 모이지 않는다.

①과 같이 콧방울이 튀어나오면 타고난 복이 있어서 돈으로부터 자유롭다.
②와 같이 콧방울이 올라간 코는 의욕이 왕성하며, 어려워져도 힘차게 다시 일어선다.

• **주먹코**(콧방울 표시가 없이 둥근 코)

 콧방울과 코끝에 경계가 없고 주머니처럼 처진 코를 가진 사람은 직관력이 뛰어나 바로 일의 진행 방향을 설정한다. 돈에 매우 엄격한 편이라 금융업이나 영업(판매)에 소질이 있다. 정에 휩쓸리는 일이 거의 없고 손해와 이익으로만 인간관계를 만들기 때문에 이익보다 사람을 더욱 더 중요하게 생각한다면 주변에 사람이 모일 것이다.

• **매부리코**

 콧날이 매의 부리같이 휘어있는 코를 매부리코라 한다. 매부리코를 가진 사람은 경쟁심이 강하고, 자기가 가진 것을 자랑하고자 하는 욕구와 성욕이 왕성하다. 성격적으로 뻔뻔한 면이 있어서 어떤 일에도 동요하지 않는 편이다. 돈의 냄새를 캐치하는 능력이 있어서 커질 것 같은 일에 참여한다. 자신을 자랑스럽게 생각하는 태도는 좋지만, 도가 지나치면 사람들이 싫어하므로 다른 사람의 이야기도 경청하는 태도를 기르는 것이 좋다.

● 들창코

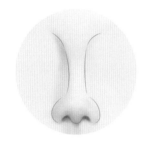

습관에 사로잡히지 않고 개방적이며 자유로운 생각을 하는 사람이다. 성격도 오픈마인드로 낙천적이다. 계획성이나 목표가 없고, 현재와 지금 이 순간을 즐기는 데 집중한다. 콧구멍이 위로 들려 있으면 재물이 머무르지 않는 것을 의미하며, 돈을 아무리 많이 벌어도 잘 모이지 않고 충동구매를 하는 성향이 크다. 비밀을 잘 지키지 못하는 편이다. 간혹 슬럼프에 빠지더라도 기분 전환을 잘하기 때문에 바로 털고 일어나 자신의 페이스로 돌아간다.

 여기서 잠깐!

콧구멍은 돈의 출입을 나타낸다. 콧구멍이 보이면 돈도 벌지만 그만큼 잘 쓴다. 콧구멍이 작은 경우는 돈의 출입이 적고 소박하게 산다. 참고로 콧구멍이 작아도 콧방울이 튀어나와 있으면 돈을 규모 있게 사용한다.

Q. 코가 잘생기면 무조건 재물운이 따르나요?

A. 옛말에 '귀가 잘생긴 거지는 있어도 코가 잘생긴 거지는 없다'라는 말이 있습니다. 예로부터 '코'와 관련된 속담이 많아서 얼굴을 볼 때도 가장 비중 있게 보는 부분이 바로 코입니다.

휘어진 코(매부리코이거나 S자처럼 두 번 휘어졌을 경우)는 언젠가 큰 금전적 손실을 볼 수 있고, 화살코는 40~50대에 좋은 기회를 잡을 수 있습니다. 콧구멍이 들린 들창코는 재물운이 있기는 하나 버는 만큼 지출이 많아서 돈을 모으기가 어렵습니다.

여자의 코가 오른쪽으로 휘어진 경우와 남자의 코가 왼쪽으로 휘어진 경우는 스스로가 벌어서 쓰는 스타일입니다. 반면 각각 반대로 휘어진 경우는 배우자나 애인에게 경제력을 의지하거나 상대의 성격 및 성향을 잘 맞춰줍니다.

본능적인 욕구와 품격을
나타내는 입과 입술

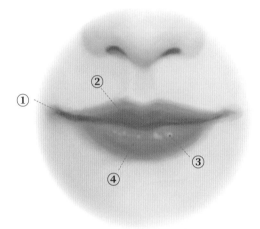

① **입꼬리**(口角) : 의지의 강약을 나타내며, 운의 좋고 나쁨을 좌우하는 부위다. 사랑을 받고 있을 때는 입꼬리가 올라가 밝은 표정이 된다.

② **윗입술**(上脣) : 부성애, 다른 사람에게 주는 애정의 정도를 나타낸다. 윗입술이 발달하면 적극적이고 자립심이 있다.

③ **환대문**(歡待紋) : 입술에 생기는 세로 주름을 일컬으며 깨끗하게 생겨 있으면 순수한 애정을 나타낸다.

④ **아랫입술**(下脣) : 모성애, 다른 사람으로부터 받는 애정을 나타낸다. 아랫입술이 발달하면 소극적이고 의존심이 강한 경향이 있다.

 입은 음식을 섭취하는 기관이자, 말을 교환하거나 희로애락을 표현하는 부위다. 눈이 진실을 말한다면 입으로 하는 말은 그 사람의 품격을 좌우하고 인생의 방향까지 바꾸는 강한 힘을 가지고 있다. 입은 식욕과 더불어 성욕을 나타내기도 하는데, 코가 남성의 성욕을 상징한다면 입은 여성의 성욕을 상징한다고 볼 수 있다. 입의 크기로는 생활력을 가늠해볼 수 있다. 입꼬리가 올라가 있고, 적당히 두꺼우며, 색이 붉으면 좋은 입술상이다.

다른 부분이 나쁜 운을 가지더라도 입 모양이 좋으면 상당히 좋은 운을 손에 넣을 수 있다. 항상 입꼬리를 올려서 웃는 입 모양을 만들기 위해 노력하는 것만으로도 운이 확 올라간다. 입꼬리가 올라가 있으면 입이 접시가 되어 하늘에서 내려준 복을 듬뿍 받을 수 있기 때문이다. 또한 입술 상하의 각이 확실히 맞는 것도 중요하다. 거기다 목소리에 윤기까지 더해지면 대운이 찾아온다.

• 큰 입

　　얼굴 크기 기준으로 코와 입 사이가 넓거나 다물었을 때 입이 큰 경우, 동공의 중심과 입의 끝이 같거나 그 이상일 때를 입이 크다고 한다. 생활력이 강하고 배짱도 두둑하며 명랑한 성격을 가졌다. 지도자적인 소질이 있고 성공이 약속된 운이 강한 사람이다. 성욕, 식욕, 수면욕 등 모든 욕구가 강하고 갖고 싶은 것은 꼭 손에 넣는다. 또한 입이 본인의 주먹이 들어갈 만한 크기이면 무조건 부자의 상에 해당한다. 입꼬리가 다물어져 있으면 사업가로서도 성공한다. 반면 입꼬리가 다물어있지 않으면 욕구의 방향이 잘못되어 돈이나 이성문제가 일어나기 쉽다. 입을 꽉 다무는 습관을 들이는 것이 좋다.

• 작은 입

　　입을 다물었을 때 너비가 코와 같거나 동공의 중심보다 작을 경우 입이 작다고 한다. 대체로 소심하고 소극적이다. 욕심이 없고 마음이 따뜻하며 다른 사람을 서포트하는 사람이다. 작은 행복에 만족하고 많은 것을 바라지 않는다. 배려를 잘하고, 잘 기대기 때문에 이성에게 인기가 많은 편이다. 혼자만의 시간을 소중히 해야 한다.

큰 목소리로 확실히 이야기하고, 입을 될 수 있는 한 크게 움직이기 위해 노력한다면 운이 열릴 것이다.

• 두꺼운 입

적극적이고 본능적인 욕구가 강한 사람이다. 정이 많아서 곤란해 하는 사람이 있으면 그냥 두지 못하며 어떻게든 도와주려고 한다. 친절하고 배려심이 있어 친구가 많다. 생활의욕 120%인 박애타입이다.

그러나 타인을 너무 신경 쓰느라 자신의 생활이 흐트러져, 해야 하는 일을 못하는 경우도 있다. 냉정한 판단으로 자신의 역량을 확인해야 한다.

• 얇은 입

식욕과 성욕 등 본능적인 욕구가 적은 반면 명예나 권력을 추구하는 사람이다. 자존심이 세고, 항상 객관적인 관점에서 침착하게 일을 판단한다. 의타심이 적어 자신의 힘으로 문제를 처리해 나간다. 사람과 사귀는 것도 쿨한 편이다. 감정 없이 말한다는 인상을 줄 수 있어, 상대의 눈을 보면서 정성스럽고 따뜻하게 말하는 노력이 필요하다.

• 윗입술이 두꺼운 입

 정신적 사랑을 중요시하며 남을 위해 애쓰는 것으로 즐거움을 느끼는 사람이다. 줄 수 있는 애정이 많아 서비스 정신이 왕성하다. 단, 너무 두꺼우면 귀찮은 일이 많아진다. 윗입술의 산이 깊은 것은 유머러스한 사람이라는 증거이다. 남을 위해 너무 애쓰면 그 보답을 바라게 되어 불평불만이 생길 수 있다. 필요한 것과 필요하지 않은 것을 확실히 구분하는 것이 좋다.

• 아랫입술이 두꺼운 입

 주위의 다른 사람으로부터 많은 애정을 받는 사람이다. 태양과 같이 밝은 존재로서 아무것도 하지 않아도 다른 사람에게 에너지를 준다. 윗입술이 눈에 띄게 얇으면 논의를 좋아하고 애정에는 담백하다. 의식하여 웃는 얼굴을 만들지 않으면 금새 불운한 얼굴로 바뀔 수 있기 때문에 입의 모양을 항상 신경 써야 한다. 입술의 윤기도 중요하므로 거칠어지지 않도록 주의가 요구된다.

• 튀어나온 입

생활력이 왕성하고 야성적인 사람이다. 개방적인 성격으로 사고를 힘들어 한다. 웅변으로 사람들을 끌어들이는 화술을 가졌지만, 입이 가벼워 다른 사람과 충돌도 많을 것이다. 이성관계에서 고생하는 편이다.

입은 재앙의 근원이다. 너무 수다스러우면 생각지도 못한 손해를 입을 수 있다. 따라서 별거 아닌 말이라고 생각하지 말고 신중하게 발언해야 한다.

• 들어간 입

보수적이고 변화를 좋아하지 않는 사람이다. 조화를 존중한다. 평화주의로 배려심이 있고, 조심스럽지만 사람을 잘 대해 윗사람이 좋아한다. 연애에서는 이성으로부터의 접근을 기다리는 타입이다. 느긋하여 수동적이 되기 쉬운 경향이 있다. 따라서 찬스가 왔다고 생각되면 과감하게 바로 행동하는 것이 좋다.

• 아랫입술이 튀어나온 입

자기주장이 강하고, 자신의 의견을 관철시키기 위해서는 수단을 가리지 않는 강함이 있다. 그러나 연애는 수동적이다. 착실히 노력하는 것은 잘하지 못한다. 어린 시절 걱정거리나 다툼이 잦은 가정환경에서 자란 경우가 많다.

주목받고 싶은 욕구가 강하므로 될 수 있는 한 매일 승부복(勝負服 : 경마에서 기수가 입는 상의)과 같은 옷을 입으면 기분이 안정된다. 그러나 여자의 경우 윗입술이 두텁고 특별하게 튀어나와 있으면 과부의 상이다. 남자의 경우라면 불효자의 상에 해당한다.

• 윗입술이 튀어나온 입

주위에 맞춰 원만하게 사는 것이 성질에 맞는 사람이다. 자기주장을 강하게 하지 않고, 다른 사람의 의견에 귀를 기울이며, 그 의견에 따른다. 착실한 노력가로 샐러리맨 타입이다. 개인적인 것도 중요시하기 때문에 가정에서도 옥신각신하는 일이 거의 없고 온화한 편이다.

항상 사람들에게 멋있게 보이고 싶은 욕구가 강하므로 체력적으로도, 금전적으로도 무리하기 쉽다. 뭐든 적당히 하는 것이 좋다.

• 윗입술이 뒤집힌 입

애정을 주고받는 것을 잘하지 못한다. 자기 스스로를 사랑하는 방법도 몰라 고민할지 모른다. 신념이 없고 인생의 기로에서 늘 방황하거나 선택을 고민하는 경우가 많다.

항상 상대의 입장에서 상대가 해 줬으면 하는 말, 해 줬으면 하는 것을 생각하며 배려있는 행동을 하도록 주의해야 한다.

• 아랫입술이 뒤집힌 입

자기주장이 너무 강해 타인을 받아들이지 못하므로 한 사람과 오래 사귀는 것이 어렵다. 정신적으로 피로해지기 쉬우며, 대인관계에서도 고생한다. 약한 사람이 따라다니거나 귀찮게 할 수 있어 주의가 요구된다. 가족관계를 다시 한번 돌아보고, "고마워"라고 감사의 말을 확실히 할 수 있게 되면 운이 올라간다.

• 입꼬리가 올라간 입

 잘 웃고 밝으며, 배려심이 있고, 낙천적이라 누구에게나 사랑받는 사람이다. 주위의 지원도 있어 입신출세할 것이다. 기분을 금방 바꿀 수 있고, 문제가 생겨도 임기응변으로 대응할 수 있다.

사람도 운도 자기편이 되어 혼자서는 도저히 해결할 수 없을 것 같은 문제가 일어나도 자연스럽게 도움을 받는다. 또한 말을 잘하는 사람에 해당한다.

• 입꼬리가 내려간 입

 탐욕스러우며 사랑이든 돈이든 자신의 손에 들어와 있는 것에 만족을 느끼지 못한다. 앞에 더 큰 행복이 있을 것처럼 느껴 현실을 즐기지 못하는 경향이 있다. 마음에 어두움이 있어 불평불만이 많은 타입이다.

웃는 얼굴이 되도록 연습이 필요하다. 내려간 입꼬리를 올리는 것은 의외로 어려운 일이기 때문에 매일 거울을 보며 근육을 단련하도록 한다.

• 입술에 주름이 많은 입

입술에 생기는 세로 주름(환대문)은 애정이 풍부하고, 사람과 사귀는 것을 잘한다는 표시이다. 협조성이 있고 사교적인 인기인이다. 여성의 경우에는 다산의 상으로 자식 복이 있다.

반면 입술에 생기는 가로 주름은 고생을 많이 한다는 암시로 육친과의 연이 옅다. 위에 병이 생기는 경우도 있다. 립크림을 바르거나 입술을 관리하여 촉촉함을 유지하는 것이 중요하다.

• 입술의 윤곽이 직선적인 입

투명한 선을 그린 것과 같이 또렷한 입술을 가진 사람은 좋은 환경에서 성장했다는 것을 나타내며, 품격과 절도가 있는 것을 알 수 있다. 착실하고 애정표현도 세심하다. 원만한 결혼생활을 한다.

그러나 어떤 일에도 흑백을 가리고 싶어 하여 사람을 구석으로 모는 경향이 있다. 좋은 의미로 적당한 면도 있어야 한다.

• 언제나 입을 벌리고 있는 입

밝고 사람을 잘 대하여 다들 좋아하지만, 에너지가 넘쳐 주의력이 산만하고 한 가지 일을 끈기 있게 하지 못한다. 큰 성공을 잡기 위해서는 상당한 노력이 필요하다. 입을 다물도록 노력하면 지속력을 기를 수 있다. 상처나 사고에도 주의하도록 해야 한다.

코에 지병이 있으면 치료하고, 충치나 치열 등도 빠른 시일 내에 해결하는 것이 좋다. 입은 기가 드나드는 출입처로 항상 벌려 있으면 기가 설기되어 건강을 해칠 수 있다. 특히 병원 중환자실에 있는 환자가 입을 벌리고 있다면 기사회생이 거의 불가능하다.

• 입을 다물면 팔자가 되는 입

입을 다물면 좌우 어느 한 쪽이 살짝 내려가는 사람은 남성이라면 견실한 생활을 영위하는 사람이고, 여성이라면 독립하여 판매를 육성하는 사람이다. 양쪽이 내려갔다면 노력가이나 이치를 따지기 좋아하는 일면을 나타낸다.

팔자 입은 모처럼 하늘에서 내려오는 운을 놓친다. 입꼬리를 올리도록 노력하면 유연한 마음을 가지게 되어 사는 것이 편해진다.

• 웃으면 잇몸이 보이는 입

현실의 생활에 별로 관심이 없고, 꿈속에서 사는 듯한 사람이다. 하지만 실질적으로는 능력이 있어 지위가 높고, 남에게 지는 것을 싫어한다. 어린 시절의 가정환경이 좋지 않은 경향이 있다.

다른 사람에게 너무 기대하여 독립하기 쉬운 편이다. 완벽한 사람은 없다고 적당히 타협하며 교류하는 것이 더 오래 관계를 지속할 수 있다.

입술 모양에 따른 성격 테스트!
당신의 입술 모양은?

① 하트 모양 입술

명석한 두뇌와 창의적인 발상을 잘하여 무슨 일을 하든 인정받는다. 낭만적이고 로맨틱하다.

② 얇은 입술

감성적이기보다는 이성적이다. 자기 일에 대한 야망이 있고, 최선을 다하는 노력파이다. 밝고 말이 많다.

③ 두툼한 입술

정이 많고 친절하다. 자기애가 강하고, 자존감도 높으며, 적극적이고 리더십이 강하여 많은 사람을 이끈다.

④ 산이 뭉툭한 입술

남의 시선을 의식하지 않고 자유로운 스타일이다. 털털한 성격으로 인기가 많고, 개성이 강하여 주변에 휘둘리지 않는다. 즉 본인이 하고 싶은 대로 하는 스타일이다.

⑤ 산이 뾰족한 입술

솔직하고 예민하지만, 내면은 감성적이고 여려서 눈물도 많다. 마음이 따뜻하고 감수성이 풍부하다.

⑥ 동그란 입술

배려심이 많고 남을 잘 도와주는 편이나, 자기주장이 뚜렷하고 남의 시선을 신경 쓴다.

⑦ 입꼬리가 내려간 입술

방어적이고 겁이 많다. 인간관계를 가질 때 좁고 깊게 사귀며, 상처받기를 유달리 꺼린다.

⑧ 입꼬리가 올라간 입술

긍정적이고 쾌활하다. 대인관계가 좋은 편이다.

⑨ 위가 두꺼운 입술

성실하고 착하다.

⑩ 주름이 많은 입술

다른 사람을 잘 배려하여 주변에 인기가 많다.

⑪ 너비가 짧은 입술

입술의 너비가 코의 너비보다 짧은 경우 갑자기 아플 수
있다. 따라서 건강에 주의해야 한다.

⑫ 위·아래 크기가 같은 입술

모든 일에 최선을 다하고 노력하는 타입이지만 유혹에 약
하다. 위·아래 입술이 모두 두꺼울 경우는 의리가 있고
충성스러운 반면 위·아래 입술이 모두 얇을 경우는 민첩
하고 예리한 면이 있다.

⑬ 네모 모양 입술

남을 돕는 것을 좋아하기에 사람을 대하는 직업을 가지면
좋다.

⑭ 점이 있는 입술

재물복과 먹을복이 있다.

⑮ 벌어진 입술

관찰력이나 예측력이 뛰어나다.

태어나면서부터 가진 운과 기질을 알 수 있는 귀

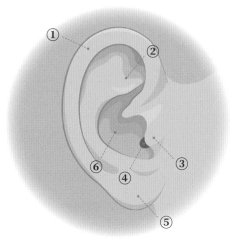

① **이륜**(耳輪) : 귀의 외곽 부분이다. 유소년기의 트러블 유무, 세상과의 관계를 나타낸다. 크고 형태가 좋으면 사람과 잘 사귀고, 조직에서 두각을 나타낸다.

② **이곽**(耳廓) : 이륜과 풍문의 경계에 있는 돌출된 부분이다. 자아의 강함, 적극성의 유무를 알 수 있다. 많이 튀어나와 있으면 자아가 강하다.

③ **이현**(耳絃) : 귓구멍과 얼굴의 경계에 삼각형으로 생긴 돌기 부분이다. 현재의 운과 금전운을 나타내고, 귓구멍보다 살짝 높은 위치에 있으면 성공 운을 가지고, 눈보다 낮으면 의젓한 성격을 가진다. 크면 돈에 엄격하고, 작으면 욕심이 많다.

④ **이공**(耳孔) : 귓구멍의 다른 이름이며 금전운을 알 수 있다. 구멍이 클수록 돈을 잘 쓰며 저축을 잘 못한다.

⑤ **수주**(垂珠) : 귓불의 다른 이름이며 활력, 금전운, 애정운을 알 수 있다. 크고 두꺼운 수주는 좋은 운을 나타내며 재물운도 좋다.

⑥ **풍문**(風門) : 귓구멍 주변의 움푹 패인 부분이다. 용기, 비밀, 지식의 넓음을 나타내며 크면 클수록 다른 사람의 이야기에 귀를 기울인다.

귀는 얼굴 중에서 거의 움직이는 일이 없고, 자신의 의지로 형태를 바꿀 수 없기 때문에 선조 대대로 계승된 유전이나 물려받은 운명을 나타낸다고 한다. 태어나면서부터 가진 기질과 생명력의 강함도 읽을 수 있다. 복잡한 귀의 형태는 뇌나 태아의 기억을 나타낸다. 좌우 귀를 합친 형태는 뇌를 상징하며 지능, 머리를 쓰는 것 등을 판단한다.

또한 귀는 자궁 안에서 태아의 형태를 나타낸다고도 한다. 귀의 위치나 형태로부터 그 사람의 엄마가 임신했을 때 정신적·육체적인 고통을 겪었는지, 겪지 않았는지를 알 수 있다.

귀의 기본적인 기능은 소리를 듣는 것으로, 귀의 형태가 좋은 사람은 소리에 대한 센스가 있다. 다른 사람의 이야기를 듣거나 정보를 얻는 역할을 하는 좋은 귀를 가지고 태어난 사람은 지식을 갖고 활약하며 금전운도 좋다는 것을 의미한다.

귀가 크고 살집이 두터우며 귓불이 긴 것이 좋은 상이다. 귀는 넉넉하게 크고, 형태가 갖춰져 있으며, 두텁고 긴 것이 이상적이다. 크기는 눈썹 앞부분과 코끝을 수평으로 연결한 선 안에 들어가는 것이 표준이지만, 그것보다 약간 큰 것이 길상이다. 또한 너무 부드럽지 않고 적당하게 머리에 붙어있는 것이 더 좋은 상이다.

이공(귓구멍)은 적당한 크기인 것이 좋으며, 귀의 색깔은 윤기가 있고 얼굴색보다 밝은 것이 운이 올라가는 증거이다. 반대로 얼굴색보다 어두우면 쇠퇴한다는 암시이다. 특히 귀는 태어나면서 14세까지의 길흉을 판단하는 곳으로 유년기를 알아볼 수 있는 곳이다.

귀의 삼등분으로 보는 기질

얼굴의 삼등분에서 얼굴을 상
정·중정·하정으로 나눈 것과 같
이 귀도 삼등분으로 나누어 각
각이 의미하는 바를 알 수 있다.

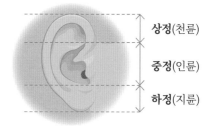

상정(천륜)

중정(인륜)

하정(지륜)

• 상정 [천륜]

'지(知)'를 나타내는 귀의 상정이 발달한 사람은 정신적인 것을 중요
시하며 감수성이 뛰어나다. 상상력이 풍부하고 예술이나 과학, 문학
의 세계에서 재능을 발휘한다. 또한 행동이 적극적이다.

• 중정 [인륜]

'의지(意志)'를 나타내는 중정 부분이 발달한 귀를 가진 사람은 의지
가 강하고 열심히 하면 원하는 목표를 이룬다는 것을 안다. 체격이
좋다.

• 하정 [지륜]

'정(情)'을 나타내는 하정이 넉넉하게 크면 애정을 중시하는 사람이
다. 감정이 풍부하고 쾌활하다. 물욕이 있어서 돈을 사랑하며 실패를
겪더라도 금방 회복하고 다시 도전한다.

• 큰 귀

유소년기에 애정을 많이 받았고 경제력이 좋은 사람이며 부모를 헌신적으로 돌본다. 지혜가 있고 생명력이 강하며 적극적이다. 대범한 인품으로 건강운, 재물운, 가정운이 좋다. 여러 재능을 타고났기 때문에 건강을 과신하여 무리하기 쉬우니 조심해야 하며, 스피드 등 스릴을 즐기는 위험한 취미도 피하도록 한다.

• 작은 귀

작은 귀를 가진 사람은 소심하고 끈기가 약한 편이나 자신을 엄하게 규제하며 노력하는 사람이므로 중년기 이후에 개운할 것이다.

다른 사람의 도움을 솔직하게 받아들이지 못하는 경향이 있다. 좀 더 능숙히 다른 사람의 힘을 빌리고 확실히 감사하는 것이 좋다.

• 두꺼운 귀

두뇌가 명석하고 친절하며 주위와의 조화를 중요시한다. 정이 많고 뜨거운 감정의 소유자이다. 체력이 강하고 건강하여 일도 열심히 하고, 수명을 다하는 상이다.

단단한 귀라면 큰 트러블 없이 한평생 재산을 쌓을 수 있다. 반대로 너무 부드러우면 정에 휩쓸린다.

• 얇은 귀

쿨한 감정의 소유자이다. 집단생활에 녹아들기 어렵고 단독으로 행동하는 것을 좋아한다. 냉정하고 판단에 고민이 없다. 단, 체력이 약하고 무리가 통하지 않으므로 여유를 갖고 계획하여 행동해야 한다. 단단한 귀라면 전문직에서 활약할 것이다. 돈을 낭비하는 버릇이 있지만 절약하는 것보다 돈을 더 모으는 방법을 생각하는 것이 어울린다.

• 뾰족한 귀

귀의 상부가 뾰족하면 머리 회전이 빨라 계산력이나 어학 능력이 뛰어나다. 귀 위쪽이 뾰족할수록 성격이 강하고, 직감이나 경계심도 강한 편이다. 물질적 풍요로움을 추구하는 타입이며, 사람을 잘 다뤄 비즈니스에서 재능을 발휘한다.

귀에 살집이 없으면 주의력이 산만해져 사고가 나거나 상처가 생기기 쉽다. 외출 시에는 "주위를 잘 보자"라고 매일 자신에게 말하는 것이 좋다.

• 둥근 귀

성장환경이 좋아 많이 사랑받고 자랐을 확률이 높고 가족이나 친구 복이 있다. 의젓하고 감성이 뛰어나며, 예술적 재능이 풍부하다. 마음의 풍요로움을 중요시하는 사람이다. 체력을 써야 하는 일을 잘 하지 못하여 단련이 필요 없는 일에 종사하는 경우가 많다. 둥글고 살집이 있으면 비즈니스 재능이 뛰어나 재물을 쌓는다. 단, 너무 앞에 나서면 우유부단해진다.

• 뒤집힌 귀

이곽이 튀어나와 마치 귀가 뒤집힌 것처럼 보이는 귀를 가진 사람은 친족 간의 정이 없고, 승부욕과 자기주장이 강하다. 무슨 일이든 직접 해결해야 직성이 풀리며 직장 외 바깥 활동을 선호한다. 활동적이고, 실천력과 행동력이 뛰어나다.

집단으로 행동하는 것을 잘 못한다는 것을 자각하고, 혼자서도 해낼 수 있도록 확실히 공부하는 것이 좋다. 또한 사람들에게 예의 있게 행동하도록 노력해야 한다.

• 정면에서 보이지 않는 귀

세상의 틀에서 벗어나는 일이 없는 상식적인 사람이다. 마음은 착하나 남의 말을 들어도 본인 의지대로만 행동하는 사람이다. 전통이나 습관을 중시하고 온화한 생활을 한다. 조직에 속하여 기술이나 사무 분야에서 능력을 발휘한다.

다른 사람과의 관계를 너무 중요시하는 나머지 소극적으로 변할 수 있기 때문에 스스로 행동하고 남을 위해 최선을 다하는 마음가짐을 가져야 한다.

• 귓불이 큰 귀

흔히 말하는 대흑천(大黑天)과 같은 복 귀이다. 적당하게 돈이나 물건 복을 갖고 있다. 침착하고 느긋하게 행동하며, 남을 잘 돌보는 리더적인 소질을 가지고 있다. 선견지명도 탁월하다.

휙 말려 올라가 있는 귓불은 복을 부른다고 하지만 한편으로는 돈을 모으기만 하면 다른 사람과의 관계가 엉망진창이 되므로 제대로 된 사용방법을 익혀야 한다.

• 귓불이 작은 귀

몸이 가볍고 발재간이 좋은 사람이다. 재치가 번뜩이고 일을 잘하여 상사나 선배에게 귀여움을 받으며 생각지도 못한 승진으로 좋은 지위에 앉는다. 돈을 모으기보다는 쓰는 편이다. 귓불이 없는 사람은 전반적으로 경제관념이 약한 면이 있다.

성격적으로는 성질이 급해 결론을 급히 내려는 경향이 있다. 눈앞의 일에만 구애받지 말고 앞을 내다보면서 결과적으로 이득을 얻을 수 있도록 생각하는 것이 좋다.

• 귓구멍이 큰 귀

귓구멍이 크면 클수록 사교적이고 커뮤니케이션 능력이 탁월하다. 성격도 대담하고 명랑하며 적극적이다. 그러나 돈이 들어오면 호기롭게 써버리므로 좀처럼 모이지 않는다.

귓구멍이 반질반질할 때에는 금전운이 올라간다. 동시에 인기 운도 올라갈 것이다.

• 귓구멍이 작은 귀

신중하고 조심스러우며 사람에게 마음을 열기까지 시간이 걸리는 사람이다. 유행에는 별로 관심이 없으며, 자신의 지식을 높이는 것에 관심이 많다.

절약하며 저축하는 능력이 뛰어나다. 돈은 모으기만 하는 것이 아니라 제대로 사용함으로써 몇 배의 가치를 만들기도 한다. 도움을 받은 사람에게 선물을 하는 것도 좋다.

• 머리에 딱 달라붙어 있는 귀

다른 사람의 의견을 듣지 않고, 자신의 강한 의지를 관철하는 타입이다. 노력가로 실행력과 지도력이 뛰어나다. 바쁜 일을 극복할 수 있는 체력도 가지고 있으므로 사업을 크게 하고 재산도 쌓는다. 정보 수집에 태만하기 쉬우므로 항상 안테나를 세우고 있으면 자신의 세계가 크게 넓어질 것이다.

● 앞을 향하고 있는 귀

귀가 앞쪽을 향해 정면에서 다 보이는 귀를 가
진 사람은 새로운 것을 좋아하고 틀에 매이는
것을 싫어한다. 원숭이 얼굴형에 이러한 귀 모
양을 가진 사람은 관상학적으로 아주 좋다. 쉽
게 피로해지고, 금방 질리며, 확실하지 않고 우유부단하다. 부모의 권
력이 강한 경우가 많으며 그것에 눌리기 쉽다. 따라서 그만큼 공부하
여 자신의 주변에 좋은 인간관계를 만들어 두는 것이 좋다.

● 귓속에 털이 자라있는 귀

남성이 대부분이며, 장수한다는 증거이다. 장
수의 조건과 함께 상을 보아야 할 곳에 해당한
다. 귀에 살집이 많으면 노년에 재물을 모을 수
있다. 젊은 시절부터 털이 난 사람은 완고한 것
이 마음에 걸리기는 하지만 35세 이후에 난 털은 운이 좋을 거라는
증거이다.

귀의 털이 너무 긴 경우에는 잘라도 좋다. 털이 난 것을 신경쓰고
싫어하는 사람은 단명하는 경향이 있다.

• 위에 붙어있는 귀

 귓바퀴의 상부가 눈썹보다 위에 붙어 있는 귀는 야성미가 있다. 이런 귀를 가진 사람은 적극적이며 대범한 사람이다. 결단력이 있어 일을 신속히 추진해 나간다. 20대에 성공하여 좋은 지위를 얻고 막대한 부를 손에 쥘 수 있다. 생각이 깊고 성실하기 때문에 주변에 사람이 모이며, 인품이 고상하여 리더보다는 전문직이 어울린다.

• 중간 정도에 붙어있는 귀

 밝고 예의가 바르며 명랑하다. 사람을 잘 대하고, 가족이나 주위의 지지도 있어 사회적으로 활약한다. 돈의 변통이 뛰어나 경제적으로 풍족한 생활을 한다.

귀의 상부가 눈썹을 넘고, 하부가 코끝보다 아래까지 있는 큰 귀라면 커다란 행운이 따른다. 젊을 때 손에 넣은 성공이 평생 계속될 것이다. 예술이나 예능 방면으로 관심이 많고 감수성이 풍부하다.

• 아래에 붙어있는 귀

헌신적이고 신뢰가 두터운 대기만성형이다. 조심스럽고 꼼꼼한 사람이다. 소극적인 면이 있으나 착하고 친절한 사람이어서 다른 사람들로부터 신뢰를 받는다. 형태가 좋으면 노년의 성공을 기대할 수 있다. 그러나 귀의 위치가 지나치게 아래에 있으면 몸이 약하다. 고서에서도 귀의 위치가 낮으면 성격이 아둔하고 물질적 욕망이 강해 향락을 추구한다고 알려져 있다.

• 길이가 긴 귀

귀의 길이가 길수록 어떤 일이 일어나도 받아들이고, 동요하지 않는 성질을 가진다. 포용력이 커서 다른 사람들이 좋아하므로 인간관계에서 고생하지 않고 안정된 인생을 보낸다. 제멋대로 굴어도 받아들여지는 유리한 면이 있으므로 하고 싶은 것을 명확히 하여 그것에 집중하는 것이 좋다.

**Q. 실제 상담하셨던 몇몇 사람들의 관상 사례가
궁금합니다.**

 사례1_ 이마 길이가 좁고 이마 부위인 관록궁이 꺼져 있어 부모덕, 형제덕이 없습니다. 실제 20세 초반에 아버지의 파산으로 온 가족이 뿔뿔이 흩어져 살았고, 부모의 병원비를 대다가 30대 후반쯤 두분이 모두 병고로 돌아가셨습니다.

 사례2_ 이 분의 특징은 코가 높은 편이며, 무턱이고, 아랫입술이 윗입술보다 두껍습니다. 콧대 및 코의 길이나 법령을 보면 집안 살림보다 일에 대한 욕심이 많은 편이고, 무턱은 투덜거리지만 본인이 해야 할 일은 다 처리하는 스타일입니다.

 사례3_ 이 분의 경우 미간 부분에 눈썹뼈가 나와서 자기 전문성이 있는 기술을 배우거나 현장에서 몸으로 일해야 합니다. 눈썹이 두꺼워 부모나 형제의 일에 오지랖이 있고, 눈이 작은 것은 고집이 세다는 것을 나타냅니다.

 사례4_ 이 분의 경우 콧구멍을 보면 돈을 잘 벌고 자기를 위해서 잘 쓰는 타입입니다. 입꼬리가 올라간 입술은 관상학적으로 좋으며 남에게 인정받고, 사랑받고, 관심받고 싶어 하는 스타일입니다. 정면에서 귀가 보이지 않는 사람은 마음이 착하고 전통이나 관례를 중시하는 사람인 경우가 많습니다.

앞서 살펴본 얼굴의 중심이 되는 눈, 눈썹, 코, 입(입술), 귀를 둘러싸고 있는 이마, 광대, 턱, 눈 밑, 팔자주름, 인중, 치아, 주름으로는 기본적인 운의 좋고 나쁨, 직업운, 진로운, 사회에서의 성공도, 자식운, 노년의 삶 등을 알 수 있다.

안 좋은 징후가 나타나기 전에 지속적으로 얼굴에 관심을 가지는 것이 좋으며, 좋은 운과 에너지를 빼앗는 관상은 메이크업이나 간단한 시술을 통해 얼마든지 부자의 운으로 수정할 수 있다.

03

부자의 운은
어디에서 오는가

직업운과 윗사람과의 관계를 나타내는 이마

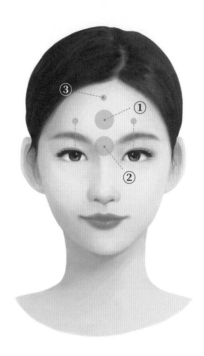

① **관록궁** : 관록궁의 위치는 이마 정중앙인데 여기에 점이나 흉터가 있는 사람은 호
　　사다마다. 즉, 좋은 일과 동시에 장애가 따른다.

② **명궁**(=인당) : 여기에 점이나 흉터가 있으면 잘되다가 마지막에 안 될 수 있다.

③ **천중궁**(天中宮) : 여기에 점이나 흉터가 있으면 윗사람과 의견이 맞지 않아 그로부
　　터 지원이나 도움을 받기 어렵다.

이마는 얼굴을 세 부분으로 나눴을 때 상정에 해당한다. 이마로는

유아기부터 25세까지의 운이나 부모로부터 물려받은 성질, 두뇌의

명석함 등을 알 수 있다. 또한 윗사람으로부터 지원을 받는지 아닌지도 판단할 수 있다. 좋은 이마를 가진 사람은 상사나 선배가 예뻐하여 좋은 지위에 오를 수 있으며, 더 나아가서는 많은 은혜를 받는 인생을 보낼 수 있다.

이마를 볼 때, 헤어라인을 중요하게 본다. 남녀에 따라 좋은 상이 다르다. 남성의 경우에는 직선적이며 각진 이마가, 여성의 경우에는 부드럽고 둥근 이마가 좋다. 남성의 헤어라인이 둥글면 소극적이고 조용하며 조심성이 많고, 반대로 여성의 이마가 M자형이면 적극적이고 이지적이며 행동파다.

헤어라인에서 약간 내려온 이마 양쪽 부위를 '복덕궁'이라 하는데, 사람이 가진 전반적인 복과 덕을 말해주는 자리다.

• 넓은 이마

얼굴의 3분의 1보다도 이마가 넓고, 윤기가 나고, 예쁜 사람은 하늘로부터 은혜를 많이 받아 윗사람이 예뻐하는 사람이다. 총명하고 눈치가 빠르다. 고생을 적게 하고 큰 결실을 손에 넣을 수 있다. 하늘로부터 받은 강한 운과 두뇌를 자기 자신만을 위해서가 아닌 세상 사람들을 위해 최대한으로 살리도록 노력해야 한다.

• 좁은 이마

이마가 좁은 사람은 부모의 덕을 기대하기가 어렵고 특히 아버지와 인연이 없는 경우가 많다. 유년기에 고생하는 사람이 많은데, 노력에 따라 중년기 이후에 운이 열리기도 한다. 이마가 좁아도 뚜렷하고 둥근 턱을 만들면 좋은 부하를 만날 수 있다.

사고하고 분석하는 일보다는 전문적 기술 계통의 일이 직업으로 좋다. 일찍 직장에 다니게 되는 사람이 많다.

• M자 이마

남성에게 많은 이마로, 독창성이 넘치고 감성이 풍부하다. 미술이나 음악 등 예술적 재능이나 글재주가 뛰어나다. 침착하고 말투와 동작이 느긋하며 두뇌도 명석하여 연구자로 적합하다.

여성의 경우에도 이지적이며 주목받는 존재가 된다. 중년 이후에 헤어라인이 뒤로 물러나기 시작해 M자형이 되는 사람은 인격이 좋고 상당히 친절한 사람이다. 신뢰가 두텁고 사회에 공헌한다.

• 산 모양 이마(미인첨)

머리카락이 난 경계가 산과 비슷한 이마를 가진 사람은 공부에 흥미가 없다 보니 일찍이 사회생활을 시작하는 경향이 있다. 특히 발제의 뾰족한 부분과 인당의 거리가 가까울수록 학업이나 공부에 흥미가 없다. 반항심이 있어 이유 없이 화를 잘 내며 남녀를 막론하고 아버지와의 인연이 약하다. 또한 성격상 집착하는 면이 있고 호기심도 많다. 자신이 관심 있어 하는 분야에 대해서는 적극적이다.

• 각진 이마

대체로 부유한 가정에서 자란 사람의 이마 모양이다. 남성이 이런 이마 모양을 가지면 아주 이상적이다. 전문적인 기술이 있고, 생각이나 행동이 현실적이다. 여성이 이런 이마를 가지면 자기주장이 강하고 비교적 현실적이며, 남편보다 경제활동에 더욱 뛰어날 수 있다. 직업을 가진 여성이 많다. 참고로 네모 모양의 이마가 낮고 좁으면 남녀를 막론하고 예민하며 시야가 좁으니 일을 할 때 끝까지 긴장을 늦추지 않도록 신경 써야 한다.

• 둥근 이마

둥근 이마는 남성보다 여성에게 이상적인 이마이다. 문화와 예술 방면에 재능과 능력이 있다. 지혜롭고 진취적이며 어느 정도의 사회적 지위와 부를 지닌다. 솔직하고 다른 사람의 의견을 잘 받아들이는 한편 조금은 우유부단한 면도 있다.

둥글고 이마 폭이 좁으면 냉정하기보다는 분위기에 휩쓸려 감정이 먼저 앞선다. 감정에 좌우되니 싫증을 잘 느끼고 일을 중간에 포기하는 경우가 많다. 둥글고 이마 폭이 넓으면 시야가 넓고 사교가이므로 영업직이 적합하다. 힘이 있는 사람 옆에서 도움받는 것이 가장 좋은데, 그러기 위해서는 상대방이 원하는 것을 바로 눈치 채고 빠르게 움직여야 한다.

 여기서 잠깐!

네모 이마는 이과 기질, 둥근 이마는 문과나 예술 및 예체능 기질이 강하다.

• 헤어라인이 모호한 이마

헤어라인이 엉망으로 흐트러져 있는 이마를 가진 사람은 문제에 맞닥뜨리기 쉽고 항상 문제를 안고 있다. 특히 아버지와의 인연이 약해서 아버지와 의견 충돌이 잦거나 부모의 도움을 받지 못하는 것으로 해석할 수 있다. 또한 부모가 이혼하거나 15~19세까지의 학업운이 약하다.

이런 이마의 경우 앞머리를 가볍게 내려 머리카락이 난 언저리를 보이지 않게 하면 문제를 피하거나 경감시킬 수 있다.

• 헤어라인이 뒤로 밀려난 넓은 이마

젊은 시절부터 이마가 벗겨진 사람은 좋은 운의 소유자이다. 두뇌가 명석한 부모 밑에서 자라 원래부터 현명하고 공부할 때 크게 고생하는 일이 없다.

일찍부터 사회에서 인정받으며 높은 지위에 올라 활약한다. 헤어라인의 좌우가 바짝 깎은 것처럼 된 경우는 중년기 후반에 누군가로부터 지원받는다는 것을 암시한다.

• 울퉁불퉁하거나 상처가 있는 이마

실력이 있어도 찬스를 잡지 못해 고생을 많
이 하는 사람이다. 윗사람과 의견이 안 맞아
지원을 받지 못한다. 일에서도 상사와 뜻이
맞지 않아 스트레스가 쌓여 전직을 반복하기
도 한다. 이마가 보이지 않도록 앞머리를 살짝
내리거나 점, 기미를 컨실러로 없애고 파운데이션을 바르면 운이 좋
아진다.

 여기서 잠깐!

눈썹 뼈(미릉골)가 튀어나온 사람은 관찰력이 뛰어나 상대를 자세히 관
찰하는 경향이 있고, 남에게 지기 싫어하는 성격으로 보통 다른 사람을
리드하는 입장이다. 성격이 급하지만 일은 잘하는 편이다.

• 튀어나온 이마

얼굴을 옆에서 봤을 때 이마가 튀어나와 있
는 사람은 성격이 급하여 마음먹은 것은 바로
실행에 옮겨야 직성이 풀린다. 윗사람이나 귀
인의 도움을 받고, 판단력이 뛰어나며 기량이
좋아 쉽게 성공하는 상이다.

여성의 경우 이마가 상당히 튀어나와 있으면 여장부 타입으로 직장 생활을 하는 등 사회 활동을 활발하게 하는 경우가 많다. 하늘로부터 받은 운이 많아 그것을 믿고 노력을 태만히 하기 쉽다. 재능을 살리기 위해 좀 더 열심히 자신을 갈고닦아야 한다.

• 평평하거나 들어간 이마

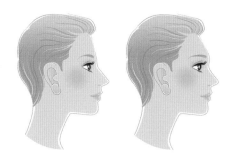

이마가 들어가 있는 사람은 어른스럽고 내향적이며 성실한 노력가이다. 쿨한 성격으로 정에 휘둘리지 않는다. 단, 헤어라인이 흐트러져 있으면 성급하고 냉정하다. 분석하는 일보다는 육체노동 쪽의 일이 적합하다. 충동적으로 움직여 실패하는 경우가 있으므로 감정이 흐트러질 때는 한숨 돌리고 움직이는 것이 좋다. 이마 가운데가 함몰되어 있으면 초년과 청소년기 운이 대체로 좋지 않다. 이마가 튀어나오고 넓으면 출신 집안이 좋다는 의미이지만 성과는 적을 수 있다.

● 양쪽이 벗겨져 올라간 형태의 이마

이마 중앙을 기준으로 양쪽이 살짝 패여 벗겨진 듯 올라가 있으면 영적인 능력이 강하며 직관력이 뛰어나다. 남성의 이마가 이러한 형태이면 현실적이고, 일을 일사천리로 처리한다. 여성의 이마가 이러한 형태일 때에도 남성을 능가하는 능력을 발휘하며 실행이 앞선다. 머리가 비상하고 독창성과 재능이 뛰어나 인생에서 충분히 성공가도를 달린다. 느끼는 힘을 보다 갈고닦아 그것을 세상 사람들을 위해 살리면 자신의 인생도 풍족해질 수 있다.

사회성과 성공, 체력을 가늠하는 광대

광대뼈는 이마나 턱뼈와 함께 코를 서포트하는 부분으로, 사회에 대한 적응성이나 의지력을 나타낸다. 광대뼈가 적당히 튀어나온 사람은 의지가 강하고 기력이 넘친다. 곤란한 상황을 극복하는 인내력도 있어 큰 성공을 거둘 수 있다. 눈에 띄게 광대가 튀어나와 있는 사람은 경쟁심이 강하고 지기 싫어하는 성격이다.

광대뼈가 넉넉하고 볼이 들어가는 보조개가 있는 사람은 밝고 온화하며 누구에게나 사랑받는다. 서비스 정신도 뛰어나고 잘 논다. 단, 착실히 노력하는 것에 약하고 뭐든 쉽게 질리기도 한다. 인기가 모든 것인 업계에서 성공할 확률이 높다.

• 튀어나와 있는 광대뼈

광대뼈가 콧등의 중간 부분보다 위쪽에 솟아 있으면 높다고 보고, 낮으면 낮다고 본다. 볼의 중앙이나 아랫부분이 높은 광대뼈는 강한 운의 표시다. 자신의 주장을 가지면서도 상대의 이야기를 잘 듣기 때문에 윗사람의 지원을 받는다. 반대로 광대뼈 윗부분이 높으면 투쟁심이 강해 다른 사람과 대립하기 쉽다.

광대뼈 부근을 잘 마사지하면 표정이 부드러워져 보다 좋은 대인관계를 만들 수 있다. 광대뼈가 앞으로 튀어나온 사람은 추진력이 강하다.

• 튀어나와 있지 않은 광대뼈

인격은 좋으나 소극적이고 실행력이 결여되어 있다. 의지가 약하고 곤란한 일과 맞닥뜨리면 내던지고 편한 길을 선택하는 성격이다. 다른 사람의 서포트를 거의 받지 못하여 어떻게든 스스로 해내야 하는 일이 많다.

광대뼈가 평평한 사람은 웃는 표정을 짓는 일이 적은 경향이 있으므로 사람을 만나 먼저 방긋 웃으면 운이 상승할 수 있다.

• 상처나 점이 있는 광대뼈

항상 주목을 받고 주위에 여러 사람이 모여든다. 그중에는 사람의 좋은 점을 파고들어 속여먹으려는 사람도 있으므로 주의가 필요하다. 점이 푸르스름한 사람은 특히 주의해야 한다.

돈을 빌려주고 빌리고 하는 일이 없도록 하고, 보증을 서달라는 부탁을 받으면 이유를 붙여 잘 거절하여 수난을 피해야 한다.

• 살집이 적당한 광대뼈

광대뼈에 볼록하게 살집이 있고 둥근 사람은 배려심이 깊고, 세상의 평가가 높다. 행운이 넘치고, 특히 금전운이 좋다. 정이 많고 좋은 가정을 꾸린다.

다른 부분이 큰 편으로 좋은 상이면 사업에서도 성공한다. 모든 운이 좋은 행복한 사람이다. 그러한 광대뼈를 유지하기 위해서 항상 웃는 얼굴을 지속하도록 해야 한다.

노년운과 사회적 지위를 알 수 있는 턱

일반적으로 '턱'이라고 하면 얼굴의 가장 아래쪽을 연상하지만, 턱에는 입을 벌리거나 닫을 때 움직이는 귀 아래쪽의 하관 부분인 턱뼈까지가 포함된다. 턱뼈로는 노년의 운이나 의지의 강함 등을 알 수 있다. 좌우 턱뼈가 이마와 비슷한 넓이이고 사각형이라도 둥글어 보이고 두터우면 강한 의지를 가지고 있으며, 높은 지위를 얻어 안정된 노년을 보낸다.

양 입술 끝 아랫부분을 '노복궁'이라 한다. 현대의 의미로 해석하자면 노복궁은 아랫사람, 즉 직원, 학생, 후배 등의 운을 보는 자리다. 노복궁에 살집이 있고 푹 꺼져 있지 않으며 흉터 없이 평평하고 고르면 사람관리 능력이 탁월하고 그들로부터 존경을 받는다. 회사를 경영하는 기업가나 교육자, 관리자는 이 노복궁이 잘 발달되어야 좋다.

반면 노복궁이 꺼지거나 뾰족하거나 삐뚤어져 있으면 배신을 하거나 당할 수 있고, 조직을 이끄는 데 어려움이 많으니 차라리 아랫사람 없이 혼자 일하는 것이 더 낫다.

이상적인 아래턱은 적당히 튀어나와 있고 둥글게 보이며 끝부분이 약간 각이 져 있는 모양이다. 말년이 좋으려면 이마가 반듯하고 넓고 둥글며 턱 부위가 넓고 노복궁까지 좋으면 금상첨화다. 이런 얼굴형은 직관이 뛰어나고 사고의 폭이 넓으며 창의력이 있으므로 시대의 트렌드를 잘 읽어내 성공한다.

• **폭이 넓은 사각형 턱뼈**

자존심이 강한 노력가이다. 목표를 향해 꾸준히 노력을 계속하여 일을 해내고 만다. 특히 이 턱을 가진 여성은 남편에게 의지하지 못하고 반드시 일을 하게 된다. 그러나 턱뼈만 튀어나오고 살집이 없으면 대인관계에서 시름이 많아 외로운 노년을 보내게 된다. 자신이 가장 자신 있는 것을 좀 더 공부하면 전문가로서 크게 활약할 수 있다.

• **폭이 넓고 각이 눈에 띄는 턱뼈**

턱뼈가 극단적으로 각이 져 있어 뒤에서도 하관이 보이는 사람은 자율심이 강하다. 훈련 등에서 눈에 띄게 힘을 돋우며, 집단의 탑으로 활약한다. 단, 자아가 강해서 건방지기 쉬우므로 주의가 필요하다.

다른 사람과의 관계에서 어느 정도 친해지면 쉽게 방심하기 때문에 틈을 보이지 않도록 조심해야 한다.

• 넓고 둥근 턱뼈

불룩한 살집이 있는 넓고 둥근 턱뼈를 가진 사람은 대범하고 누구하고든 대화를 맞출 수 있어 겁을 내지 않는다. 교제 범위가 넓은 사교가이다. 온화한 가정을 꾸리며, 안전하고 쾌적한 생활을 하게 된다.

좁고 깊은 인간관계를 가지면 피곤해지므로 될 수 있는 한 넓고 적당한 거리에서 사람과 사귀도록 한다.

• 각이 없는 턱뼈

각이 없고 둥글어 보이는 턱뼈는 계란형의 사람에게 많은 타입이다. 화려하고 스타성이 있다. 실력 이상으로 자신감이 있는 나르시스트이며, 운이 나쁘지 않아 많이 노력하지 않아도 성공을 손에 넣는다.

노년에 운이 약해져 자신의 지위에 만족하지 못하는 경우도 있다. 일할 수 있을 때 열심히 일하여 저축해야 한다.

• 좁은 턱뼈

턱뼈가 펼쳐져 있지 않고 작은 사람은 경쟁심이 없고, 몸이 약하며, 스태미나가 부족하다. 가장 활발히 일할 수 있는 장년기에 체력을 버티지 못하면 운을 놓치고 말 것이다.

턱을 잘 씹는 습관을 들이면 살집이 좋아진다. 좁은 턱뼈를 가진 경우 딱딱한 것을 먹어 뚜렷한 턱을 만드는 것이 좋다.

• 발달한 턱뼈

턱뼈가 발달한 사람은 육체를 부딪히며 하는 일에서 두각을 드러낸다. 싸움도 아주 좋아하여 자신이 먼저 싸움을 건다. 하관이 펼쳐져 있으면 활동적이고 다른 사람과 경쟁하는 것에서 쾌감을 얻는다.

이런 턱을 가진 사람은 오해를 사는 경우가 많아 대인관계가 힘들다. 따라서 입 꼬리를 올리고 대화하는 연습을 꾸준히 하면 운이 강한 얼굴이 될 수 있다.

• 미발달한 턱뼈

하관이 없는 사람은 자신의 의견을 잘 표현하지 못한다. 우유부단하고 다른 사람의 힘에 기대며, 다른 사람에게 무언가를 해주는 일이 적다. 내향적이고 신경질적이다. 좋은 사람, 싫은 사람을 확실히 구분하며 커뮤니케이션을 잘하지 못한다.

쉽게 피곤해지므로 체력을 먼저 기르는 것이 필요하다. 함께 스포츠를 즐길 수 있는 동료를 만들면 오래 운동을 지속할 수 있다.

• 이중 턱

가족을 잘 돌보고 주변 사람들로부터 신뢰와 지지를 받는다. 운이 좋고 자식과의 연도 깊어 행복한 노년을 보낼 수 있다. 재물운이 좋아 금전적으로도 여유가 있고, 반려자나 많은 친구와 즐거움을 나눠 가지는 좋은 말년을 보낸다.

무리한 다이어트를 통해 턱이 뾰족해지면 운도 함께 내려가므로 적당히 조절하는 것이 좋다. 이중 턱이 발달한 사람은 남녀를 불문하고 아랫사람을 많이 거느리고 있는 사장님 상에 해당한다.

• 사각형 아래턱

이성적이며 기가 세고 투쟁심이 있다. 몸도 건강하고, 힘든 일을 뒤집어엎을 기세로 노력하는 사람이다. 다른 사람에게 기대지 않으며 완강하고 노년에는 까다로워질 수 있다. 특히 하악(양쪽 아래턱의 양끝 부분)이 튀어나온 사람은 자아가 강하고 적극적이다. 턱이 귀의 선보다 뒤까지 튀어나오면 사소한 부분까지 신경을 쓰며, 이해관계가 얽히면 돌변하여 심한 말을 해 상대방을 놀라게 하기도 한다. 하악각이지만 턱이 귀의 선보다 앞에 튀어나오면 호기심이 강하고 근성이 있어서 주어진 일을 잘 해낸다.

항상 투쟁하기를 좋아하므로 상대방을 도발하고 스스로 싸움을 일으킨다. 쓸데없는 노력은 하지 말아야 한다. 다른 사람을 위해 최선을 다하면 운도 올라간다.

• 뾰족한 아래턱

다른 사람의 의견에 좌우되어 아랫사람을 통솔하는 능력이 약하며, 판단력이 없고, 변화에 잘 동요하는 연약한 타입이다. 운은 좋으나 몸이 약하고 가정운이 없는 경향이 있다. 생각이 많고 감성이 풍부하므로 음악이나 그림 등을 즐긴다. 특히 작고 뾰족한 턱을 가진 사람은 외로움을 많이 타고 처세술이 약하다. 그러나 자신만의 재주와 재능은 타고나서 말년운은 좋다.

　대화를 할 때에 입을 크게 벌리고 확실히 말하도록 노력하면 약한 턱이 커버되어 운이 열릴 수 있다.

• 긴 아래턱

자만심이 강하고 사람들을 깔보는 태도로 자기 생각대로 움직이려 하기 때문에 사람들이 겉으로는 공경하는 척 하지만 실제로는 꺼려 고립된다. 특히 이성에게 그런 경향이 강한 편이므로 상대를 인정하는 자세가 필요하다.

　그 장소의 분위기를 읽지 못하고 경솔한 발언을 해 분위기를 망치기 쉽다. 따라서 쓸데없는 말을 하지 않도록 하여 화를 피하도록 한다.

• 둥근 아래턱

마음이 온화하고 밝으며 친절하다. 친구나 지인 복도 있어 원만하게 행복한 인생을 보낸다. 부부사이도 좋고, 자식 복도 있다.

　노년에도 스태미나가 많아 건강하게 보낸다. 그러나 작은 불만을 안고 있으면 큰 폭발로 이어진다. 상대에게 감정을 전하는 화술을 갈고 닦으면 의사소통이 편해질 것이다.

• 계란형 아래턱

계란과 같이 끝으로 갈수록 뾰족해지는 턱은 성격이 까다롭다는 것을 나타낸다. 유소년기나 중년기에는 에너지가 있지만, 노년에는 스태미나가 끊겨 체력과 기력이 견디지 못하고 신경과민이 되기 쉽다.

걱정이 많은 편이어서 다른 사람이 하는 일에 대해서도 타일러서 기분이 처지게 하는 일도 있다. 발언을 할 때는 신중해야 한다.

• 갈라진 아래턱

동심을 잃지 않는 모험가의 상이다. 상상력이 있고, 재미있는 것을 좋아하며, 적극적으로 행동한다. 정열적이고 외곬이다. 침착하지만 한곳에 머무는 것은 잘 못한다. 배우나 스포츠 선수가 적합하다.

이 상을 가진 사람은 인기가 많으므로 연인이 되어도 독점하기 어렵다. 자신만의 사람이 아니라 모든 사람의 것이라고 결단을 내리는 것이 좋다.

• 튀어나온 아래 턱(주걱턱)

　　일반적으로 고집이 있고 감정기복도 심한 편이다. 갖고 싶은 것을 얻기 위해서는 전력으로 싸운다. 코나 광대뼈, 이마도 동일하게 튀어나와 있으면 좋은 결과를 얻을 수 있지만 턱 외에 다른 부분이 약하면 행동이 자기중심적이어서 고립된다. 또한 다른 사람이 자신의 영역을 침범하는 걸 극도로 싫어한다.

　자립하고 싶은 마음을 갖고, 다른 사람을 위해 자신이 할 수 있는 것을 하면 대인관계가 좋아진다.

• 들어간 아래 턱

　　에너지가 부족해 끈기가 없고, 자신의 주장이 통하지 않으면 금방 포기하는 타입이다. 스스로 가정을 이루려는 의지가 강하지 않으면 노년에 자식도 없고 주거도 불안정해질 가능성이 크다.

　너무 조심하면 눈앞의 행복도 놓치기 때문에 좀 더 욕심을 내는 것이 좋으며, 갖고 싶은 것을 손에 쥐면 놓지 말아야 한다.

• 점이나 상처가 있는 턱

40세 전후로 한 번은 원하는 일이 생각대로 되지 않아 크게 돈이 나가거나 실패할 수 있다.

• 짧거나 무턱

턱이 짧거나 없으면 행동은 빠르나 생각이 따라주지 못하는 경향이 있다. 감정기복이 심하고 리더십이 약하다. 매사에 끈기가 없고 자신의 기준이나 고집, 생각이 강하다. 따라서 말년이 고독하고 자녀 걱정에 시달리거나 주거가 불안정할 수 있다.

자식운을 알 수 있는 눈 밑

눈 밑의 뼈가 없는 부분을 와잠(臥蠶), 누당(淚當)이라고 한다. 이 부위로는 남녀의 궁합과 자식운을 알 수 있다. 누당에 살집이 있고 평평하면 자식과 자손이 번영하고, 반대로 누당이 깊게 꺼져 있거나 사마귀, 점 혹은 비스듬한 주름이 있고 함몰되어 있으면 자식과 인연이 없거나 늙어서까지 자식에게 해가 된다.

이 부분이 볼록하거나 평평한 것으로는 그 사람의 생식능력을 판단할 수 있고, 아울러 그 사람이 가진 자식이 많은지 적은지와 그 자식의 성질이나 운까지 알 수 있다.

이상적인 눈 밑은 살짝 볼록하고 밝은색이며, 부드럽고 윤기가 있는 것이다. 이 부분은 과음이나 피로, 스트레스에 의해 살집이 처져 거무스름해질 수 있다. 심신의 건강 상태도 나타나므로 거무스름해진 것이 신경 쓰일 때는 주의가 필요하다.

• 약간 부풀어 있는 눈 밑

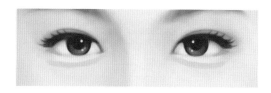

약간 부풀어 있고 색이 밝은 사람은 성적인 관심도 적당히 있고 정력이 왕성하며 매력적이다. 생활도 안정되고 건강하며 많은 자손을 가진다.

밝은 표정을 유지하기 위하여 적당한 운동으로 신진대사를 촉진시키는 것을 추천한다. 눈 밑을 가볍게 마사지하는 것도 좋다.

• 통통하게 부풀어 있는 눈 밑

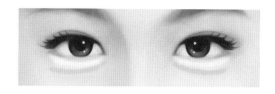

긍정적이며 항상 찬스를 잡기 위하여 매진하는 높은 활력의 소유자이다. 생식 능력도 좋고, 자식도 많으며, 반려자와도 사이좋게 지내 행복한 인생을 보낼 수 있다.

그러나 눈 밑이 물집처럼 부풀어 있으면 자식 문제로 고민한다는 암시이기도 하다. 또한 사고 등 트러블에 말려들기 쉽기 때문에 정신 안정을 위해 특별히 노력해야 한다.

• 평평한 눈 밑

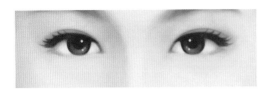

볼록하지 않아도 색이 밝으면 상대에 따라 한 명이나 두 명 정도의 건강한 자식을 가진다. 색이 칙칙하면 유물주의(唯物主義)로 자기중심적이고 차가운 성격이기 쉽다.

자신의 성을 확실히 느끼고, 그 성적인 매력을 높이도록 노력하면 가족관계가 보다 좋아질 것이다.

• 살이 흘러내린 듯한 눈 밑

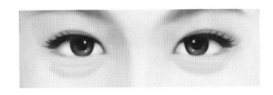

생식능력을 나타내는 눈 밑에 살집이 없는 사람은 정력이 부족하여 이성관계나 자손 번영이라는 면에 약한 경향이 있다. 반면에 일에서 충실감을 얻는 등 자기 자신의 인생을 즐기는 사람이다.

아침에 햇볕을 쬐고 '양'의 기운을 자신 안에 집어넣으면, 눈 밑에 살집이 생겨 색도 좋아질 것이다.

눈 밑을 보면 태아가 아들인지 딸인지 알 수 있다?!

눈 밑은 자식과 큰 연관성을 가지는 부위이므로 이 부위를 통해 곧 태어날 아이의 성별을 가늠할 수 있다고 한다.

아빠(남성)의 왼쪽 눈 밑에서 아들운을 보고, 오른쪽 눈 밑에서 딸운을 볼 수 있다고 한다. 반대로 엄마의 왼쪽 눈 밑에서 딸운을 보고, 오른쪽 눈 밑에서 아들운을 볼 수 있다고 한다. 중요한 것은 이를 임신한 상태에서 확인이 가능하다는 것이다.

곧 태어날 아이가 남자아이인지 여자아이인지 궁금하다면 재미 삼아 부부가 서로의 눈 밑을 한번 잘 살펴보길 바란다.

· 엄마의 오른쪽 눈 밑 색이 더 짙을 경우 : 아들
· 아빠의 오른쪽 눈 밑 색이 더 짙을 경우 : 딸

인생 전반운, 부하운, 가정운을 가늠하는 팔자주름

팔자주름(법령)은 콧방울부터 입의 옆에 걸쳐진 선과 같은 주름을 말한다. 콧방울의 옆부터 입의 상하 중심에서 약간 아래까지 내려와 있는 것이 일반적이다. 20대에 생기는 사람도 있지만, 일반적으로는 40세 이후에 나타난다.

팔자주름은 인생을 살기 위한 활력을 나타낸다. 일에서 자립할 수 있는지, 좋은 부하를 가지며 지도력을 발휘할 수 있는지 등을 알 수 있다. 또한 주거 운이나 가정운도 알 수 있으며, 건강 면에서는 다리와 허리의 튼튼함을 볼 수 있다.

다 열려 있지 않은 것이 운이 좋다. 확실히 밝고 윤기가 있는 팔자주름이 보다 이상적이다. 좌우 동일하게 퍼져 있다면 장수한다는 것을 뜻한다.

또한 팔자주름은 여성보다도 남성에게 더 진하게 나타난다. 여성이라도 일을 가진 사람은 확실히 나타나기도 한다.

• 뚜렷한 팔자주름

지혜가 있고 균형 감각이 좋은 사람이다. 일 운이 좋으며 보람 있는 일을 하고 부하 복도 있다. 여성이라면 커리어우먼으로서 일을 척척해내며 활약한다.

팔자주름이 깊고 눈에 띄는 사람은 타인에게 너무 엄한 경향이 있다. 다른 사람의 개성이나 페이스를 존중해야 한다.

• 뚜렷하지 않은 팔자주름

40세를 넘겨도 주름이 옅으면 자립심이 약하고 일에서 보람을 찾지 못하는 것을 나타낸다. 팔자주름은 날마다 변화하므로 일이 순조롭게 진행되면 뚜렷해진다.

좋은 팔자주름을 만들기 위해서는 다른 사람과 교류하는 기회를 늘리고 즐거운 시간을 가지면 좋다.

• 긴 팔자주름

팔자주름의 길고 짧음은 입꼬리를 기준으로 판단한다. 긴 팔자주름은 장수의 상징이다. 입과의 사이에 폭이 있으면 일은 순조롭고, 의식주에 복이 있으며, 건강하고 행복한 인생을 보낸다. 팔자주름이 턱 근처까지 내려와 있으면 상당히 장수한다는 표시이다.

팔자주름의 형태는 변화한다. 감사하는 마음이 없으면 주름의 끝부분이 안쪽으로 향하게 되어 노년에 싸움이 많아지므로 주의가 필요하다.

• 짧은 팔자주름

팔자주름이 짧으면 수명이 짧고, 의식주에서 고생한다는 것을 암시한다. 하지만 절제하고 규칙적인 생활을 하며, 좋은 행동으로 계속하여 덕을 쌓는다면 수명을 넘어 오래 살 수 있다.

자신만 생각하여 안달내지 말고, 다른 사람을 보살피거나 넉넉한 마음을 가지면 팔자주름은 길어진다.

• 폭이 넓은 팔자주름

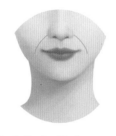

굉장히 좋은 운의 소유자이다. 부하를 잘 돌보고 두터운 신뢰를 얻는다. 일 운도 강해 사업을 시작하면 폭넓게 전개하여 성공을 거둘 것이다. 회사원이라도 상당한 지위까지 올라갈 수 있다.

팔자주름 안쪽의 살집이 풍부하면 좋은 반려자를 만나고, 경제적으로도 안정되며, 따뜻한 가정생활을 보낸다.

• 폭이 좁은 팔자주름

재산 운이 좋으나 낭비하지 않는 절약가이다. 예를 들어 상당한 부자로 넓은 집을 가지고 있어도 타인에게 빌려주고 자신은 좁은 곳에서 살기도 한다.

타인과의 교류가 적기 때문에 다른 사람과의 관계에서도 돈을 써서 교류를 깊게 하면 풍부한 인생이 될 수 있다.

• 볼 쪽으로 펼쳐진 팔자주름

마치 종 모양처럼 양쪽으로 퍼지는 팔자주름을 가진 사람은 활력이 있고, 일도 순조로우며, 많은 활동을 하는 강한 운의 소유자다. 정이 깊고 교제범위도 넓어 지도자로서 활약한다. 노년의 운이 좋으며 풍족하고 건강한 날을 보낸다.

행동적이고 다른 사람을 잘 돌보는 의지할 수 있는 존재이지만 너무 보살피면 다른 사람을 쓸데없는 사람으로 만드는 경우가 있으므로 적당히 하는 것이 좋다.

• 입 쪽으로 들어간 팔자주름

끝부분이 입 쪽으로 들어간 팔자주름은 노년에 운이 떨어지는 것을 암시한다. 거지의 상으로 돈이 많아도 사망 시에는 굶어 죽는 상이다. 중년기에는 정력도 있고 활약도 하지만 노년에는 사업이나 투자에 실패하여 난관에 부딪히거나 병에 걸릴 수 있다. 옛날에는 이러한 팔자주름을 가진 사람은 굶어 죽거나 단명하는 상이었으나 현대적으로 해석하자면 위암, 소화기암, 식도암, 자궁암 등을 앓을 확률이 높은 것으로 본다.

젊을 때처럼 낭비벽이 계속되면 노년에는 생활이 곤란해져 고생할 수 있다. 허세를 부리지 말고 다른 사람의 시선도 너무 신경 쓰지 말아야 한다.

• 끊겨있는 팔자주름

팔자주름이 끊겨 있는 것은 수명이 짧고 일 운이 안정되지 않는 것을 나타낸다. 자신에게 맞는 일을 발견하기가 어려워 전직을 자주 하기 때문에 가계도 어려워지고, 일가가 뿔뿔이 흩어질 위기까지 있다.

팔자주름의 형태에 화가 있는 사람은 일상적으로 웃는 표정을 꾸준히 지으면 팔자주름이 깨끗하게 정리되어 운세도 좋아진다.

• 상처나 점이 있는 팔자주름

팔자주름에 상처나 점이 있으면 다리를 다치게 되거나 한쪽 부모와의 연 단절 혹은 사별을 한다. 왼쪽 주름에 상처나 점이 있는 남성이라면 아버지, 여성이라면 어머니와의 화를 나타낸다. 반대로 오른쪽 주름에 상처나 점이 있는 남성이라면 어머니, 여성이라면 아버지와의 화를 나타낸다.

갑자기 기미나 얼룩이 생기는 것은 부하나 후배가 떠나는 것을 암시한다. 화장 등으로 눈에 띄지 않도록 하여 화를 가볍게 하는 것이 좋다.

• 입 가까이 생긴 팔자주름

입 가까이에 팔자주름이 있으면 초혼에 실패하기 쉬우며 파란만장한 인생을 보낸다. 다른 사람에게 너무 기대며, 스스로 무언가를 할 마음이 없어지면 다른 사람들도 멀어진다. 손기술 등을 익혀 자립할 수 있도록 노력해야 한다.

사람을 미워하는 마음은 병이 되어 나타난다. 다른 사람에게 너무 바라지 말고 스스로 노력하면 상황은 좋아질 것이다.

• 좌우의 길이, 형태가 다른 팔자주름

팔자주름 좌우의 길이나 형태가 다른 경우, 밸런스가 나쁜 주름 쪽의 부모와 연이 얕아지는 것을 암시한다. 왼쪽 주름의 밸런스가 나쁜 남성이라면 아버지, 여성이라면 어머니와의 연이 얕아진다. 반대로 오른쪽 주름의 밸런스가 나쁜 남성이라면 어머니, 여성이라면 어머니와의 연이 얕아진다. 일도 지속하지 못하고 건강도 좋지 않다.

체력을 만들기 위해서는 규칙적인 식생활이 중요하다. 편식하지 말고 꼭꼭 씹어 먹어야 한다.

수명과 자식운을
나타내는 인중

인중은 코 아래에 있는 두 줄의 세로 주름을 말한다. 인중의 길이로 수명을, 폭으로 자식운을, 홈의 깊이로 마음의 상태나 활력의 유무 등을 알 수 있다. 여성의 경우 자궁의 기능을 나타내기도 하므로 자식운을 쉽게 알 수 있는 부위다.

인중은 입의 영향을 받는다. 정신이 똑바르고 바른 말을 사용하는 사람일수록 입꼬리가 다물어져 있으므로 인중도 자연스레 좁혀져 있다. 인중의 길이는 운과 수명에 비례하는데 인중이 길면 운세와 수명도 길다. 단, 인중이 짧아도 깊이가 깊으면 어느 정도 보완이 된다.

이상적인 인중은 길고 홈이 깊으며 좁은 인중이다. 이러한 인중을 가진 사람은 수명이 길고 의지가 강하며 많은 자식을 낳는다. 또한 인중은 중년에서 말년으로 이어지는 운을 살피는 곳이다. 또한 인중에 찻숟가락으로 쌀을 1스푼 정도 담을 수 있을 정도라면 부자의 상이다.

• 긴 인중

인중이 길고 윗입술이 말려 올라가지 않은 사람은 좋은 운의 소유자로 수명을 다한다. 따뜻한 마음의 소유자이며 인망이 있다. 자식운도 좋고, 좋은 가정을 이룬다.

긴 인중이라도 윗입술이 말려 올라가 있으면 끈기가 없는 상이 된다. 이러한 사람은 일에 집중하는 훈련이 필요하다.

• 짧은 인중

끈기가 없고 쉽게 질리는 성격을 갖는다. 다른 사람과의 교류도 얕아 인맥이 넓어지지 않는다. 인중이 짧고 윗입술이 말려 올라가 있으면 생각이 어리석고 매너 없는 행동을 할 확률이 높다. 자식운이 약하므로 부부가 함께 건강에 유의하고, 몸을 차게 하지 말아야 하며, 긴 시간 계획적으로 임신을 준비해야 한다.

• 폭이 넓은 인중

폭이 넓은 인중을 가진 사람은 중년기까지 쌓아놓은 재물운을 제대로 지켜 평안한 노년을 보낼 수 있다. 수명도 길고 자식운도 있다. 사교가로 지원자도 많다. 잘 놀기 때문에 인생을 자신이 원하는 대로 즐기지만 주위가 보이지 않을 정도로 취미에 몰두하는 것은 피하는 것이 좋다.

• 좁은 인중

위에서 아래까지 같은 폭으로 좁은 사람은 생각이 많고 어른스러운 성격이며, 섹스에 대해서 소극적이다. 생식기의 발달이나 기능에 문제가 있을 수도 있다. 참고로 인중 안쪽으로 오그라든 형태는 남에게 칭찬받는 것을 좋아한다는 것을 의미한다.

인중의 위는 좁아도 아래가 넓은 사람은 자식 복이 있고 편안한 노년을 보낸다. 웃는 얼굴로 지내면 인중은 넓어진다.

• 뚜렷한 인중

건강하고 자식 복이 있다. 목표를 정하고 노력을 계속하는 끈기와 인내심이 있어 사업을 일으키면 크게 번영한다. 단, 홈이 너무 깊으면 개운에 시간이 걸리기도 한다.

깊은 홈이 얕아지면 개운이 가까워졌다는 증거이다. 마음도 안정되고 어떤 일도 부드럽게 넘어가게 된다.

• 뚜렷하지 않은 인중

인중이 뚜렷하지 않고 홈도 얕으면 자식과의 연이 없고, 수명이 길지 않은 편이다. 폭이 넓어도 홈이 얕은 사람은 소극적이고 끈기가 없으며, 계획성이 없어 돈을 낭비하기 쉬운 경향이 있다. 부부 중에 그나마 한 사람이라도 인중의 상이 좋으면 자식 복이 있다. 남성의 인중이 부족한 경우는 아이가 생기더라도 조산 되거나 부모와 떨어져 타향살이를 할 가능성이 높다. 여성의 인중이 없는 경우는 아이를 낳지 못하거나 낳아도 살 확률이 반이다.

• 일그러진 인중

성격이 조금 뒤틀린 경향이 있고 깐깐한 사람이다. 건강상태가 나쁘고 자식 복도 없는 타입이다. 여성은 자궁에 문제가 있을 수 있으므로 주의해야 한다.

올바른 자세로 걷고, 좋은 말을 하며, 항상 웃는 얼굴로 지내도록 유의하면 인중이 좋은 형태로 변화할 것이다.

• 상처나 점이 있는 인중

인중에 상처나 점이 있으면 단명할 상으로 생활력이 약하고 의식주에 고생하는 것을 암시한다. 검거나 흰 점이 있는 사람은 자식 운이 약하고, 물과 관련된 사고가 일어나기 쉬우므로 주의가 필요하다. 자궁에 문제가 있을 때에는 인중에 붉은 반점이 나타난다.

불쌍한 분위기를 풍기는 이성에게 약해져 자신이 힘이 되어 주고 싶다는 생각에 사로잡히면 둘 다 자멸할 수 있다. 가능한 밝고 따뜻한 느낌의 상을 가진 사람을 인연으로 만나야 운이 풀린다.

• 옆으로 주름이 있는 인중

배우자와 이혼이나 사별을 하여 고생을 많이 하는 상이다. 그러나 정신적으로 강하고 힘든 상황을 극복하는 힘이 있으므로 어느 정도 풍족한 생활을 한다.

자식운도 있는 편이다. 자식의 수는 적으나 소중히 양육하여 제대로 된 인물이 되면 장래에 힘이 되어 준다.

• 수염이 나 있는 인중

수염은 남성의 본능이 강하고 생활력이 강한 것을 나타낸다. 수염이 많은 사람은 조기 성공형이며, 옅고 적은 사람은 노년기 대성형이다. 수염이 짙은 여성이라면 남성에게 이길 만큼 정력이 강하다.

인중의 상이 약한 사람은 수염을 기르면 득이 되지만 이성관계에서 실패할 수 있다. 여성은 수염을 깎고 깨끗이 하면 운이 안정된다.

• 둥그렇게 튀어나온 인중

인중 부분의 살집이 좋고 둥글게 튀어나온 사람은 정이 많으며, 남을 챙기기 좋아한다. 홈이 길고 뚜렷하면 장수하고, 자식운도 있으며, 노년에도 넉넉하게 생활한다. 자신의 자식뿐만 아니라 다른 사람의 자식도 챙기게 된다. 덕을 많이 쌓기 때문에 노년에는 활기차고 즐겁게 살 것이다.

• 좌우 길이가 다른 인중

좌우의 길이가 명백히 다른 경우에는 부모와의 관계가 옅어 빠른 시기에 자립하여 스스로 생활하게 된다. 감정적으로도 불안정해지기 쉽고, 그것이 일을 처리하는 데 있어 영향을 주기 때문에 주의가 필요하다.

굳이 힘든 길로 가려는 경향이 있지만 무리하지 말고 순순히 다른 사람의 도움을 받으면 운이 점점 올라간다.

현재의 건강 상태를 파악할 수 있는 치아

'이'는 음식을 씹어 부수는 중요한 역할을 한다. 치열이 좋으면 제대로 씹을 수 있기 때문에 음식을 잘 소화할 수 있는 형태로 만들어 소화기관으로 보내고 위장에서 영양을 골고루 흡수할 수 있다. 그렇기 때문에 치열은 바로 건강 상태를 좌우한다. 보통 좋은 치아는 크기가 정리되어 있고, 들쑥날쑥하지 않으며, 균등하게 나열되어 있다.

앞니의 상하 4개를 문치(門齒), 앞니의 좌우를 견치(犬齒) 그리고 송곳니보다 안쪽에 있는 이를 구치(臼齒)라고 한다. 앞니는 자기 자신을 나타내며 적당히 크고 정리되어 있으면 품성이 좋고 지성이 있는 것을 의미한다. 송곳니는 친형제, 친구, 지인과의 관계를 나타내며 정리되어 있으면 좋은 지원을 받는 것을 나타낸다. 어금니로는 일과 관련된 운이나 근면함, 이성이나 지성을 판단한다. 『마의상법』에서는 치아의 수가 38개이면 왕후의 상이고, 36개이면 거부 또는 총리의 상으로 높은 벼슬을 하며, 32개이면 중품의 부귀를 누리고, 30개이면 보통 사람의 상, 28개 이하이면 하천하고 빈궁한 상이라고 했다.

치아의 역할은 앞니는 음식을 잘게 만드는 커터 역할을 하며, 송곳니는 무엇을 강하게 물고 있는 역할을 하고, 어금니는 맷돌과 같은 역할을 하기 때문에 치아의 뿌리 모양도 그에 따라 다르다.

• 큰 치아

　　자기주장이 강하고 적극적으로 자신의 생각대로 사는 사람이다. 정열적이며 성적 욕구도 왕성하다. 만약 이를 빼면 활력이 저하되기 때문에 항상 관리를 게을리하지 않도록 주의해야 한다.

　이가 아픈 것은 가족에게 무언가 문제가 생기는 것을 시사한다. 아픔이 없어지는 시점에 문제도 해결된다.

• 작은 치아

　　자신의 의사표현을 잘하지 못하며 고립적 생각을 한다. 순서를 세워 생각하는 것을 잘하고 이론적인 사고력은 있지만 간혹 억지를 부리기도 한다. 이가 극단적으로 작은 사람은 의식주에서 고생한다.

　이상이 높으면 꿈을 좇아 현실이 보이지 않기도 한다. 따라서 먼저 현재 자신이 해야 할 것을 확실히 하는 것이 좋다.

• 치열이 좋은 치아

치아가 틈이 없이 고르고 단단하면 부귀와 봉록을 누리며, 운세에 기복이 없고, 순조롭게 인생을 보낸다. 가족 간의 유대도 끈끈하고, 사회에서도 잘 해내며 밝고 건강하다. 앞니가 깔끔하게 정리되어 있다면 자연스럽게 운이 열린다.

좋은 치열을 최대한으로 드러내며 이가 잘 보이도록 웃는 얼굴을 하면 다수의 좋은 친구들이 생긴다.

• 치열이 나쁜 치아

끈기가 없고 어떤 일을 해도 쉽게 피로해지며 기력이 없다. 운세에 기복이 많고 하지 않아도 될 고생을 하는 인생이다. 부모와의 연이 옅고 거리를 두게 된다.

눈에 띄게 치열이 안 좋은 경우에는 이를 교정하는 것으로 운의 흐름이 변할 수 있다. 신뢰할 수 있는 교정치과를 찾는 것이 중요하다.

• 큰 앞니

중앙의 2개는 부모, 그 좌우가 친족을 나타낸다. 큰 앞니는 그 관계가 깊고 좋은 것을 나타내며, 특히 중앙의 2개가 큰 것은 부모에게 사랑받는 것을 뜻한다. 자신감이 있고 다른 사람에게도 친절하다.

앞니가 괜찮으면 다른 부분이 다소 나쁘더라도 노력한 만큼 성공을 얻는다. 충치나 변색된 이는 바로 치료하는 것이 좋다.

• 벌어져 있는 앞니

집중력이나 끈기가 없고 쉽게 질리는 상이다. 재물이 들어와도 나가는 게 더 많다. 친형제나 친족과의 관계가 삐걱대며 소원해지기 쉽다. 금전운은 강하지 않지만 벌어진 이를 고치면 운이 올라간다.

자신의 역량 이상의 것을 받아들여 곤란한 경우가 많으므로 스스로를 잘 파악하여 무리하지 않도록 해야 한다.

• 안쪽으로 들어간 앞니

　　앞니의 경계가 안으로 들어가 마주 보는 듯 나 있는 사람은 태어나면서부터 재물운이 좋다. 일을 잘하여 신뢰도 얻고 좋은 지위에 올라 이상적인 생활을 한다. 후배나 부하를 잘 돌보고, 눈치가 빨라 많은 사람이 지지하기 때문에 운은 점점 더 좋아진다.

• 하얀 치아

　　하얗고 윤기가 있는 건강한 치아의 소유자는 정직하고 생명력이 있으며 건강하다. 큰 문제없이 행복한 인생을 보내게 될 것이다. 그러나 투명한 느낌의 하얀 이는 건강면에서 불안한 것을 나타낸다.

　행복을 가져오는 하얀 이를 유지하기 위해서는 매일 양치를 잘해야 하며, 웃을 때 이가 보이는 것이 좋다.

• 회색 치아

성격은 온화하고 밝으며, 머리도 좋은 우등생 타입이다. 하지만 연애나 결혼에서 문제가 나타날 수 있는 상이다. 자신보다 아래라고 생각하는 문제가 많은 이성과 교제하여 결혼한 후 고생하는 경우도 있다.

말을 잘하는 사람에게 쉽게 빠지는 경향이 있으므로 그 사람의 실제 행동을 잘 보고 판단해야 한다.

• 누런 치아

치아를 싸고 있는 에나멜질에 따라 전체적으로 누렇게 보이는 사람이라도 잇몸이 단단하면 재산을 쌓고 좋은 노년을 보내는 상이다. 깨끗하지 않고 누르스름한 이는 운이 내려가므로 주의가 필요하다.

담배나 음료수로 인한 색소 침착은 정기적으로 스케일링을 받아 제거하고 청결을 유지하도록 해야 한다.

• 뻐드렁니

개방적이고 이야기하는 것을 좋아한다. 속
과 겉이 거의 같기 때문에 주변 사람들에게
인기가 많다. 머리 회전도 빠르고, 일을 적
극적으로 처리해 나간다. 단, 필요 없는 부
분까지 이야기하여 트러블이 생기기도 한다.

극단적으로 튀어나오지 않은 이상 좋은 상이기 때문에 충치가 없도
록 주의하는 것이 좋다. 이가 너무 심하게 튀어나온 경우에는 교정을
하면 운이 안정된다.

• 옥니

경계심이 강하고 좀처럼 자신의 일을 오픈
하지 않아 고립적이다. 능력이 있어도 그것
을 표현하지 않기 때문에 손해를 본다. 밝고
적극적인 파트너를 만난다면 이로 인해 일
도 가정도 잘 풀릴 수 있다. 자신이 이야기를 하는 것보다 다른 사람
의 이야기를 잘 들어주는 능력이 있다. 성실하게 다른 사람의 이야기
를 듣는 태도를 보이면 자연스럽게 운이 열리게 된다.

• 덧니

송곳니가 튀어나와 있는 사람은 에너지가 강하고, 집을 뛰쳐나와, 빨리 부모로부터 독립한다. 또한 여성은 결혼한 후에도 일을 하며 적극적으로 사회생활을 한다.

종합적인 운세를 판단하는 갖가지 주름

기본적으로 거울을 봤을 때 자연스럽고 뚜렷하게 나타나는 주름으로만 운세를 판단한다. 특정한 표정을 지었을 때 생기는 주름은 뚜렷하게 생긴 주름보다 나타내는 의미가 약하다.

관상학적으로 이마에는 '삼문(三紋)'이라고 하는 줄의 주름이 나타난다. 먼저 맨 위 주름을 천문(天紋)이라 하여 아버지나 직장 상사 등 윗사람의 운을 볼 수 있다. 가운데 주름은 인문(人紋)이라 하여 친구나 동료의 운과 대인관계 운을 나타낸다. 가장 아래에 있는 주름은 지문(地紋)이라 하여 아랫사람 운을 볼 수 있다. 주로 관리자나 지도자들에게서 이 주름을 자주 볼 수 있다.

삼문이 확실히 갖춰져 있는 사람이라면 일생에 걸쳐 운도 좋고, 좋은 길을 선택해왔다고 볼 수 있다. 반대로 40세가 지나도록 주름 하나 없는 것은 줄곧 응석을 부려온 인생이거나 노력이 부족한 인생이었다고 해석할 수 있다.

• 이마의 높은 위치에 있는 삼문

삼문이 이마의 위쪽에 나타났다면 럭키 사인이다. 일이나 인간관계 모두 바라는 결과로 향할 것이다. 두뇌가 명석하고 노력해서 성공할 운명이다.

이마의 왼쪽에 깊게 주름이 새겨져 있다면 사회적인 성공, 오른쪽에 깊게 주름이 새겨져 있다면 개인적인 행복을 손에 넣을 수 있다.

• 이마의 낮은 위치에 있는 삼문

삼문이 낮은 위치에 나타났다면 건강하고 기억력이 좋다. 사회적인 성공보다도 매일의 생활에 충실한 것을 원한다. 자신의 능력을 파악하여 무리하지 않고 온화한 행복을 손에 넣는다.

중앙에서 왼쪽으로 뻗은 주름은 지도자로서, 오른쪽으로 뻗은 주름은 사람을 돌봄으로써 성공하는 것을 나타낸다.

• 천문만 뚜렷한 주름

　가장 위의 주름인 천문만 뚜렷한 사람은 태어날 때부터 운세가 좋은 사람이다. 마음씨가 고와 윗사람이 예뻐하며 실력 이상의 평가를 받고 좋은 위치를 얻는다.

　원래부터 운이 좋기 때문에 그 운을 다른 사람에게도 나눠줄 수 있도록 봉사하는 마음을 가지고 일하는 것이 좋다.

• 인문만 뚜렷한 주름

　의지가 확실하고 판단력이 뛰어난 사람이다. 독립심이 왕성하여 다른 사람에게 기대지 않고 스스로 자신의 길을 개척한다. 몸도 튼튼하고 잘 버티므로 상당한 재산을 손에 넣을 수 있다.

　자신의 힘을 어디까지 믿느냐에 따라 인생이 크게 바뀐다. "나는 대단해"라고 매일 이야기하는 것이 좋다.

• 지문만 뚜렷한 주름

생활의 기반이 되는 가정복이 있고 행복한 인생을 보낸다. 다른 사람을 잘 돌봐 주위의 신뢰를 얻고, 필요시에는 아랫사람이나 부하 등이 큰 힘을 빌려준다.

다른 사람에게 받는 것보다도 해 주는 편이 즐거움이 크다는 것을 알고, 상대방이 원하는 것을 순식간에 캐치하여 행동한다.

• 천문이 끊겨있는 주름

태어날 때부터 가진 운이나 윗사람 운을 나타내는 천문이 끊겨 있는 사람은 운에만 기대면 일이 제대로 풀리지 않기 때문에 스스로의 노력이 필요하다. 긴장을 풀면 바로 전락하는 것을 암시하기도 한다.

결심했으면 바로 행동으로 옮기는 것이 중요하다. 다른 사람의 의견을 듣는 것보다 자신이 믿는 길로 가는 결단력이 필요하다.

• 인문이 끊겨있는 주름

몸이 그다지 건강하지 않으며 무리하기 쉬운 상이다. 자신의 힘을 과신하여 힘든 길로 들어서는 경우가 발생한다. 인생 전반에 걸쳐 타이밍이 나쁜 경우가 많다.

고민하는 사이에 쓸데없는 고생을 하게 되는 타입으로 즉단즉결로 안 되는 것은 깨끗이 포기하는 것이 좋다.

• 지문이 끊겨있는 주름

가정을 가지는 것에 흥미가 적고, 가정을 가져도 관심을 가지지 않는다. 그것이 지나치면 이혼이나 별거를 하게 된다. 경제적으로도 불안정해지기 쉬우므로 젊었을 때부터 조금씩 저축해야 한다.

지문이 없거나, 있어도 옅은 사람은 가정에 관한 문제가 많아진다. 밝은 표정을 짓게 되면 좋은 지문을 만들 수 있다.

• 이마에 많은 자잘한 주름

자잘한 가로 주름은 성격적으로 약한 부분이 있고, 생활할 때 고생을 많이 해 스트레스를 안고 있다는 증거이다. 계획성이 없어 낭비하기 쉽다. 파트너와의 성생활도 제대로 되지 않아 만족하지 못한다.

이런 주름을 가진 사람은 이마에 크림을 듬뿍 바르고 케어하여 탄력이 생기도록 하면 주름도 옅어져 문제가 해결되는 방향으로 바뀔 수 있다.

• 미간에 한 개 있는 주름

미간의 세로 주름은 압박을 많이 받는 것을 나타낸다. 의지가 강하고 행동파지만 약간 신경질적이며, 긴장에 약하고, 속을 끓이는 일이 많다. 상당한 절약가로 다른 사람들이 '구두쇠'라고 생각해 사람들이 속으로는 꺼리고 멀리하기도 한다.

미간에 살집이 경직되어 있으므로 부드러워지도록 마사지를 한 후 잠자리에 들면 자는 도중에 운이 찾아올 것이다.

• 미간에 두 개 있는 주름

미간에 팔자주름이 있는 사람은 다른 사람을 잘 관찰하고 자신에게 이익을 가져다 줄 사람을 순간적으로 판단한다. 가지고 싶은 것은 어떤 수단을 써서든 획득한다. 질투가 심한 면도 있다.

한 가지 일에 집착하여 다른 것에 눈을 돌리지 못해 중요한 것을 잃는 경우가 있다. 앞일을 예측하여 냉정하게 행동해야 한다.

• 미간에 많은 주름

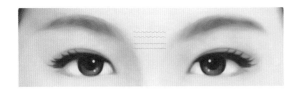

미간에 주름이 세 개라면 큰 성공과 행복을 손에 쥘 수 있다. 지적 능력을 살려 문화적 의의가 있는 일을 끝까지 해낸다. 하늘의 소리를 듣는 직관력도 뛰어나다.

주름이 네 개 이상 있으면 타고난 능력이 분산되어 손에 쥘 수 있는 운에 손해를 본다. 마사지로 주름이 펴지게 하는 것이 좋다.

• 눈꺼풀 위 주름

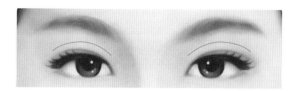

홑꺼풀이 쌍꺼풀로, 쌍꺼풀이 세 겹으로 보이듯 눈꺼풀 위에 있는 주름은 행운의 상징이다. 물결치는 것과 같은 주름은 인격이 온화하고 친절한 것을 나타낸다. 인기인으로 주목을 받는다.

눈꺼풀 위에 세 개 이상의 주름이 있는 사람은 의심이 강하고 겁이 많아 다른 사람과 관계를 맺는 데 시간이 걸리지만 친해지면 관계를 길게 유지한다.

• 콧대에 옆으로 난 주름

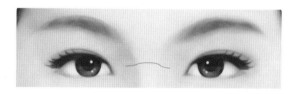

성공할 상 중 하나이다. 태어날 때부터 운이 좋고, 재능이 풍부하며, 관찰력도 뛰어나다. 의지도 강하며 착실히 노력하는 것을 아까워하지 않는다. 주위에서 인정하는 훌륭한 인재가 될 것이다.

다만 거만하다고 생각되기 쉬우며 가까이할 수 없는 분위기가 있으므로 항상 웃는 얼굴을 하도록 한다.

● 턱 아래 주름

턱 아래에 자연스럽지 않은 주름이 생겼다면 사면초가인 상태를 나타낸다. 노력을 하더라도 예상대로 되지 않기 때문에 흐름이 바뀌기를 기다리는 것이 중요하다.

둥글고 매실 장아찌와 같은 주름이 있는 사람은 다른 사람에게 많이 엄하며, 그 사람의 재능을 발전시키지 않고 눌러버리는 경향이 있다. 사람을 믿고 배려하며 적당히 조언하는 것이 좋다.

● 눈꼬리 주름

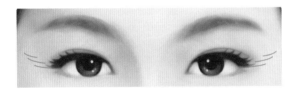

눈꼬리의 주름은 '까마귀의 발자국'이라고도 불린다. 짧고 쭉 뻗은 주름은 행복한 가정을 꾸리는 노력을 나타내지만, 물고기의 꼬리처럼 여러 개의 주름이 있으면 배우자가 아프거나 배우자와 이혼 및 사별을 겪을 수 있다. 일을 직접 해야 하는 성미를 가져서 이런 사람을 상사로 둔 아랫사람은 고달플 수 있다. 눈꼬리에 주름이 많은데 젊다면 성에 개방적이다. 별로 구애받는 것이 없고 잘 노는 편이다.

유명인의 관상에서 읽는 부자의 얼굴

전 세계 부자들의 공통점은 이마와 코와 하관의 전체적인 밸런스가 맞다는 것이다. 이마는 곧 그 사람의 간판이라고 할 수 있으며, 한자로 '액(額)'이라고 표현한다. 이 한자는 돈과 관련된 말인 금액(金額)과 총액(總額)에도 쓰인다. 결국 이마는 부귀영화와 밀접한 관련이 있다.

코는 재물운에서 가장 큰 영향을 미치고, 콧대로는 돈 버는 능력을 가늠해볼 수 있다. 콧대의 길이는 돈을 벌 수 있는 재주를 나타내고, 콧대의 넓이는 체력과 활동력을 뜻하며, 코끝은 들어오는 돈이 많고 적음을 나타내고, 콧방울은 돈을 저축하는 은행 역할을 하며, 콧구멍은 소비 태도를 뜻한다.

■ 미국의 투자 귀재 '워런 버핏'

선택과 집중, 버릴 줄 아는 지혜를 가진 워런 버핏의 전체적인 관상을 살펴보면, 팔자주름이 진하고 뚜렷하며, 입과 팔자주름의 사이가 넓고, 팔자주름의 끝이 입 쪽으로 말리는 것이 아니라 턱밑으로 반듯하게 내려가 있다. 입술은 얇은 편이며, 콧대가 반듯하게 높고, 위에서부터 점차 두툼해지는 코이며, 얼굴 형태는 U라인에 가깝다.

팔자 주름이 넓은 사람은 금전관리가 철저하고, 화려한 저택에 살며, 먹을 복이 많다. 입술이 얇은 사람은 대체로 철저하고, 이성적인 성격을 가지며, 꼼꼼한 편이다. 콧대가 높은 사람은 자존심이 세고 자존감도 높다. 또한 섬세하고 머리가 좋으며, 세련되고 센스있는 사람이다. 상황에 따라 분위기를 잘 파악하여 대인관계가 원만한 편이 많다.

V라인보다는 U라인의 턱이 재물이 잘 쌓여 부자가 될 가능성이 크다. 턱의 살집이 발달하고 도톰한 사람은 주변 사람이 잘 따르기 때문에 인복과 인덕이 있다. 아무리 이마와 코가 좋다고 하더라도 하관이 좋지 않으면 큰돈과 많은 기회를 가지더라도 오래 유지하기 어렵다. 이중턱, 사각턱, 넓고 두꺼운 턱을 가진 사람들이 돈을 벌 수 있는 기회를 잘 잡고 유지할 수 있다.

귓볼이 넓은 사람은 돈에 대한 애착이 강하고, 돈에 늘 관심을 두고 있기 때문에 돈의 흐름을 잘 파악하여 투자에 성공할 가능성이 크다. 실제 부자들의 귀를 보면 부처님 귀를 가진 사람이 많다. 이마는 넓고 주름이 없는 것이 좋으며, 양쪽 이마 외측과 관자가 이어지는 부분은 둥글고 부드러워야 한다. 앞짱구 이마가 부자 관상에 속하며, 이마가 꺼지지 않아야 하고자 하는 일을 순조롭게 진행할 수 있고, 주변으로부터 인정받고 신뢰받는다.

 여기서 잠깐!

워런 버핏의 5가지 주식투자 조언

1. 투자할 때는 주식을 대표하는 기업이 10년 후에 어떤 위치에 있을 것인지를 고려해야 한다.

2. 버블 상황에서 투자 수익을 창출하려고 생각해서는 안 된다. 버블이 일어난 상황에서는 피해를 어떻게 최소화할 수 있는지를 생각해야 한다.

3. 감정적인 부분은 외면하라. 주식을 매수할 시점은 따로 오는 것이 아니라 오랜 기간에 걸쳐 꾸준하게 이뤄지는 것이다.

4. 생산 가능한 자산에 투자하라. 좋은 실적을 내는 생산적인 자산은 오랜 시간에 걸쳐 비생산적인 자산을 도태시킬 것이다.

5. 항상 미국 주식시장에 투자하라. 오랜 세월을 긍정적인 모습으로 나아가고 있다. 20년, 50년 후에는 지금의 우리보다 훨씬 잘살고 있을 것이다.

■ 홍콩 최대의 기업 청쿵그룹 창업자 '리자청'

한때 동양 최고의 부자였던 리자청의 전체적인 관상을 살펴보면, 코끝과 콧방울이 큰 코를 가진 관상이다. 코가 큰 사람은 자신감이 넘치고, 활동적이며, 완벽주의자 기질이 있다. 일을 힘 있게 추진할 수 있는 성격이면서 자기주장이 강하다. 리자청의 코에서 본인이 생각한 투자에 대해서는 과감히 실행하는 경향이 엿보인다.

코끝과 콧방울이 큰 경우 노력가이며 재물운이 있다. 보통의 코 크기를 가지고 있다 하더라도 콧방울이 넓고 크면 노력으로 재물운이 들어온다. 리자청의 경우에는 전체적인 코 크기도 크고, 콧방울도 크기 때문에 재물운이 더욱 강했다. 또한 성공을 위한 노력이 힘들다고 생각하지 않고 가능한 한 목표를 이루고 성공을 거두어 큰돈을 착실하게 쌓을 수 있었다. 나이가 든 관상에서는 팔자주름이 뚜렷하고 하관이 둥글게 살아 있어 예전의 부를 지속하여 유지할 수 있는 관상이다. 눈에는 총기가 있어 판단능력이 건재하다.

 여기서 잠깐!

리자청의 3대 투자비결

1. 안정된 비즈니스 환경을 제공하는 국가나 지역을 투자한다.

2. 독점적 지위를 강화한다.

3. 저가일 때 사고, 고가일 때 팔면서 시종 높은 투자회수율을 유지한다.

신세계그룹 회장 '이명희'

이명희의 전체적인 관상을 살펴보면, 눈빛이 강하고 기세가 있으며 에너지가 강하다. 눈꼬리가 올라갔고, 입은 크되 입술이 얇으며, 코끝이 약간 화살 코에 가깝다. 광대는 꺼진 곳 없이 도톰하고, 하관은 U자 형태이며, 인중이 뚜렷하고, 팔자주름이 짙지 않다. 전체적으로 날이 서 있는 듯하다.

눈빛이 강한 사람은 정신력과 승부사 근성을 타고났으며, 눈꼬리가 위로 향한 눈은 추진력이 좋아 여장부 같은 면이 있다. 코와 입을 연결해주는 인중이 뚜렷하면 재물복이 좋다. 입술이 얇고 입이 큰 경우에는 적절하게 상황 판단을 잘한다.

■ **제44대 미국 대통령 '버락 오바마'**

초년에는 고생이 있었으나 자수성가로 말년에 명예를 얻은 오바마의 관상을 보면, 전체적으로 이마의 좌우 면적이 적고, 이마가 M자 형태이며, 눈썹뼈가 발달되어 있다. 눈썹은 짙고 가지런하며 선명하고, 코가 크고 반듯하며, 눈 밑 애교살이 있다. 턱은 좌우 면적이 넓지 않지만 길이가 길고, 팔자주름은 짙고 입술 옆으로 일자로 내려와 있다.

진한 눈썹은 좋은 체력을, 눈 밑 애교살은 대중적인 인기를 상징하는 것으로 애교살이 도톰하면 대중에게 사랑받는다. M자형 이마는 역마궁이 발달하여 해외와 인연이 있으며, 해외의 활동력들이 행운을 가져

다준다. 턱은 노복궁이라 하여 주위 사람들이 따르고, 믿고, 도와주는 것을 나타낸다. 턱의 길이는 인중의 1.5~2배 정도인 것이 좋으며, 둥글 둥글한 U자형이 좋고, 턱의 두께는 살에 탄력이 있어야 한다.

종합적으로 파악해 보는 부자의 관상

1. 업적을 쌓을 가능성이 있는 상

일자형 눈썹

(용감하고 결단이 빠름)

작고 가는 눈

(일명 코끼리눈, 계획성이 뛰어남)

큰 입

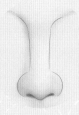

콧날이 굵은 코(생활력이 왕성)

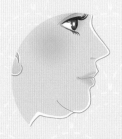

살집이 좋고 풍만한 볼과 턱

(실행력과 부하운이 강함)

넓은 이마(도량이 넓음),
이마의 3개 주름(길상, 가장 아랫선

이 견실하면 좋은 부하가 많음)

2. 돈에 곤란을 당하지 않는 상 (돈의 자금 유동성이 좋은 상)

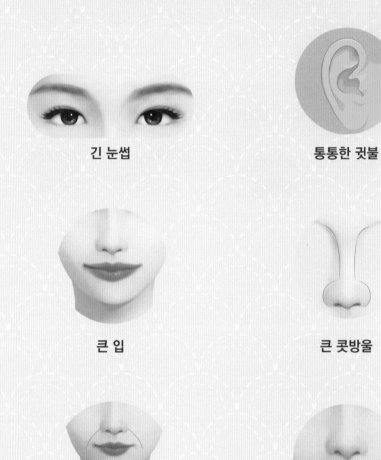

긴 눈썹

통통한 귓불

큰 입

큰 콧방울

넓은 법령
(콧방울 윗부분에서 입 주위까지 걸쳐
생겨난 팔자 형태의 주름)

코 밑이 긴 사람

3. 돈이 나가는 상

작은 코에 콧방울도 작은 사람

휘어진 코

미간부터 콧등 사이에 점이나
흉터(주름)가 있는 사람

작은 귓불

나이 들어서 법령이 짧고
선이 약한 사람

볼살이 없는 사람

마지막 장에서는 25년간 7만 명의 고객들을 만나며 가장 빈번하게 질문을 받은 연애운, 금전운, 건강운 등 다양한 고민에 대해 관상학적으로 해결책을 제시해 보고자 한다.

얼굴은 태어나면서부터 그 형태가 정해져 있지만 어떤 마음가짐을 가지고 사느냐에 따라 바뀐다. 생활하는 방식이나 일에 대한 태도, 인간관계 등이 모두 얼굴에 나타나기 때문에 '한결같은 연애를 하는 타입인지, 아니면 불륜을 저지르기 쉬운 타입인지, 일을 성실히 하는지, 정착하지 못하고 여기저기 전전하는 타입인지' 등 얼굴에서 많은 것을 읽어낼 수 있다.

이 파트에서 다룬 비슷한 고민을 하고 있다면 함께 해결해 보기를 바란다. 다만, 일시적으로 문제를 해결했다 하더라도 지속적으로 좋은 관상을 가꾸는 노력을 해야 앞날에 더 좋은 일들이 다가옴을 잊어서는 안 된다.

04

사주팔자를 뛰어넘어
새로운 운을 만드는
얼굴 경영법

사랑하는 사람의 얼굴은 참 아름답다. 음과 양인 여성과 남성이 서로 교류하며 에너지를 주고받기 때문이다. 보통 연애 상대는 이성보다 본능적으로 끌려서 만나는 경우가 대부분이다. 그래서 처음에는 좋다가도 헤어지는 경우가 생기고, 처음에는 별로였지만 시간이 가면서 서로에게 더욱 확신을 갖게 되는 경우도 생긴다.

연애운은 눈, 눈 밑, 코, 인중, 귀, 입, 턱을 통해 해석할 수 있다. 눈으로는 상대방에 대해 어떤 애정을 가졌는지, 연애에 대한 태도가 소극적인지 적극적인지, 결혼 상대로서 적합한지를 알 수 있다. 입술의 두께에 따라서는 애정도를 살펴볼 수 있다.

대체로 애정운이 좋은 얼굴은 사교적이고 부드러우며 온화한 느낌을 주는 아치형의 눈썹에 따뜻한 느낌을 가진 동그란 눈, 약간 긴 턱을 가진 얼굴이다. 입술은 위아래 두께가 일정하고 너무 두껍지 않으면서도 입을 다물었을 때 한 일 자(一) 모양 혹은 입꼬리가 살짝 올라가 있는 모양이다.

얼굴 부위 중 귀는 사람의 개성을 나타내는 부위이므로 상대방의 흥미를 끌기 위해서라도 머리카락으로 귀를 감추는 것이 연애에서는 좋은 영향을 준다. 머리 길이가 짧아서 귀가 다 보인다면 귀걸이를 하여 상대의 마음을 끌어들이면 좋다. 또한 귀 모양이 두툼하고 뾰족함 없이 둥글면 이성에게 인기가 있다.

결혼할 상대로 좋은 여성상은 둥그스름한 볼과 살집이 좋은 코를 가졌거나 눈썹 털이 가지런하게 길고 눈꺼풀이 적당히 도톰한 얼굴이다. 또한 입술에 세로 주름이 있으면 애정이 많고 성격도 둥글둥글하며 인간관계가 좋으므로 결혼할 상대자로서 최적이다.

결혼할 상대로서 좋은 남성상은 눈이 가늘고, 윗입술이 아랫입술보다 튀어나온 얼굴이다. 이는 모두 책임감을 의미하기 때문이다. 얼굴이 사각인 남성은 가정적이기는 하나 집착할 가능성이 있어 만남에 신중할 필요가 있다.

Q. 세상 어딘가에 정말 제 짝이 있을까요? 연애가 너무 힘듭니다. 연애운이 좋아지는 방법이 있을까요?

A. 윗입술이 아랫입술보다 두껍고, 눈이 큰 사람은 상대를 즐겁게 하기 위해서라면 몸을 사리지 않고 최선을 다하는 타입입니다. 상대방을 위해 최선을 다하는 것은 좋지만, 너무 무리하면 보답을 바라게 되고 연애가 잘 유지되지 않을 가능성이 있습니다.

아랫입술이 윗입술보다 두껍고, 코가 뾰족하게 솟은 사람은 사랑받는 것에 편안함을 느낍니다. 자존심이 세서 상대가 먼저 다가와 주기를 기다리며, 사랑받는 것에 익숙해지면 겸손함을 잊기 쉽습니다. 누군가 베풀어준 것에 대해서는 말로 감사의 마음을 전하세요.

쌍꺼풀에 긴 속눈썹, 눈물이 고인 듯한 눈은 연애에 대한 소문이 끊이지 않는 사람일 확률이 높습니다. 입술에 고르지 않은 세로 주름이 있으면 본능대로 움직인다는 증거로 자유분방한 연애를 합니다. 바람을 자주 피우거나 양다리를 걸쳐도 죄의식을 느끼지 않습니다. 연애를 많이 해보는 것은 좋지만, 연애에만 집중하여 즐기는 사이에 시간만 흐르고 생활기반이 흔들리는 경우가 있으므로 주의해야 해요.

눈, 입, 코, 귀 등이 전체적으로 작은 사람은 연애에서 소극적인 부분이 많기 때문에 헤어짐이 반복될 수 있습니다. 충분히 사랑받은 경험이 없거나 자신이 없어서 시작조차 못 하는 경우도 많고요. 나 자신분만 아니라 다른 사람에게도 엄해져서 얼굴 표정이 어두워질 수 있으므로 누군가와 눈이 마주치면 의식적으로라도 웃는 연습이 필요합니다. 그러면 사랑을 끌어당길 수 있어요.

눈썹이 치켜 올라가 있고, 눈썹 앞부분이 서 있는 사람은 집착하고 감정적인 면이 강합니다. 자신이 생각한 대로 되지 않으면 히스테릭해지는 경향도 있고요. 교제하는 상대를 너무 속박해서 싸움이 잦습니다. 이런 사람은 너무 상대에게만 관심을 두지 말고 자신의 인품을 넓히는 데 신경을 쓰면 관계가 개선됩니다.

• 연애운이 좋아지는 징조

1. 말하거나 웃을 때 양 볼이 볼록해지는 것은 인기운이 좋아지는 징조다. 나 자신도 스스로를 긍정적으로 평가하고 주위에서도 매력을 느끼는 사람이 많아진다. 항상 웃는 얼굴을 유지하면 운이 더욱 상승한다.

2. 눈꼬리에 밝은 노란색이 띠면 좋은 인연을 만난다는 의미로 해석해도 좋다. 남성은 왼쪽 눈꼬리, 여성은 오른쪽 눈꼬리에 희고 작은 여드름이 나면 결혼할 가능성이 높다.

3. 입술에 윤기가 흐르고 세로 주름이 두드러지면 이상형인 사람과 잘된다는 의미로 받아들여도 좋다. 이는 일상생활이나 일, 금전운에도 좋은 영향을 미친다. 입가가 야무지면 어떤 일이든 잘 풀린다. 입술이 건조하면 립밤 등을 수시로 발라야 한다. 립스틱을 바를 때는 입꼬리까지 확실하게 표현되도록 그리는 것이 좋다.

4. 눈이 촉촉하게 빛나고, 피부에도 윤기가 있을 때는 내면에도 윤기가 흘러넘침을 나타낸다. 그것이 색기가 되어 사람을 끌어당긴다. 단, 항상 너무 촉촉한 것은 성적으로 루즈해진다는 사인이므로 주의해야 한다.

● 연애운을 가로막는 징조

1. 남성은 오른쪽 눈꼬리, 여성은 왼쪽 눈꼬리 부분이 칙칙해지거나 붉은 여드름이 생기고, 흰자위에 실핏줄이 보이면 연애운이 잘 풀리지 않는다는 징조다. 또한 입술에 나타나는 고르지 않은 주름이나 작은 점은 수렁에 빠져 헤어 나올 수 없는 상황을 암시한다. 현재의 연애에 불평, 불만이나 고민이 생기면 여성은 왼쪽 눈꼬리, 남성은 오른쪽 눈꼬리가 어둡고 칙칙해진다. 여기에 여드름까지 생기면 상태는 더욱더 심각하다. 점이나 상처가 있는 사람은 같은 연애를 반복할 가능성이 높다. 이럴 때는 상대를 탓하기보다 자기 자신을 돌아보며 반성하도록 하고, 눈꼬리가 어두운 사람과의 관계는 피하는 것이 좋다.

2. 치아가 건강하지 않으면 좋은 인연과 만나기가 어렵다. 치아는 정력을 나타내므로 빠져있으면 성적인 욕구도 약하고 결혼운도 점점 멀어진다. 웃을 때 깨끗한 치아가 가지런하게 보이도록 관리해줄 필요가 있다.

3. 입을 다물어도 항상 입이 벌어져 있는 듯한 입술은 성적인 유혹에 약하고, 이쪽저쪽 상대를 바꾸는 경향이 있다. 더불어 눈꼬리에 점까지 있다면 그 의미는 한층 더 강해진다. 미간이 넓은 여성은

남성 때문에 고생하기 쉽다. 입을 항상 꾹 다무는 연습을 하는 것이 좋다. 운명인 사람을 만나면 저절로 마음가짐도 바뀌고, 입도 꼭 다물게 된다.

어떤 결혼을 하고, 어떤 가정을 만들지는 연애운의 연장선상에서 마찬가지로 눈, 입, 코 등으로 예측해볼 수 있다. 혼자서는 부족한 부분을 두 사람이 상호보완하면 더 밝고 멋진 미래를 꾸려갈 수 있을 것이다. 행복이라는 것은 늘 만들어가는 것임을 인식하고 서로가 배려하는 마음을 가지는 것이 무엇보다 중요하다.

Q. 결혼 상대자로 어떤 관상을 가진 사람이 좋은가요?
또 어떤 남자를 피해야 할까요?

A. 경제적으로 안정되어 있고, 포용력이 있는 남성은 얼굴 생김새에 안정감이 있으며, 어떤 일에도 흔들리지 않는 강함을 가지고 있습니다. 얼굴에 생기가 돌고 표정도 천천히 바뀝니다. 이 타입의 얼굴 생김새를 가진 남성은 밝고 상큼한 여성을 좋아합니다. 임기응변으로 대응할 수 있는 유연성을 가지면 잘될 것입니다.

가정을 중요시하는 남성은 항상 입꼬리가 올라가 있고, 턱이 발달되어 있으며 부인과도 적극적으로 대화를 시도합니다. 또한 귀가 머리 쪽으로 붙어있으면, 부인이 말한 것을 부정하지 않고 잘 들어줍니다. 당신과 교제하는 사람이 이런 상이라면 고민할 것 없이 결혼해도 좋습니다.

전체적으로 살집이 없고, 둥글지 않으며 직선적이고, 따뜻함이 느껴지지 않는 사람은 일만 하고 가정은 돌보지 않는 타입일 가능성이 높습니다. 거기에 안경까지 쓰고 있으면 그 경향은 더욱 심해집니다. 이러한 사람과 잘 지내기 위해서는 처음부터 '가정적이었으면 좋겠다'는 기대를 버려야 합니다. 열심히 일하는 남편을 지지하고 응원해줍시다.

눈꼬리는 항상 처져 있지만, 눈동자에는 날카로움이 있고, 입술에도 윤기가 있는 남성은 인기가 많습니다. 유혹에 약하고, 쉽게 바람을 피우는 것은 성격이므로 고칠 수 없다고 봐야 합니다.

흰자위가 눈에 띄는 삼백안, 사백안은 사심을 의미하며, 머리는 좋지만 몸이 안정되지 않는 성격을 가졌습니다. 광대뼈가 앞으로 튀어나와 있는 사람은 완력으로 사람을 복종시키려는 면이 강해 말보다 손이 먼저 나가니 조심해야 합니다. 더군다나 그러한 성격은 고치기가 어렵습니다. 남자친구나 남편이 폭력을 휘두를 때는 자신의 안전을 최우선으로 확보하고, 될 수 있는 한 빨리 전문가에게 상담을 받도록 합니다.

● 결혼운이 좋아지는 징조

1. 부부가 모두 커다란 코와 넓은 콧방울을 가지면 돈이 잘 들어오고, 정신적으로도 안정되어 여유 있는 생활을 즐긴다. 턱 라인이 둥글다면 말년에도 풍족한 생활을 유지한다. 현실적인 경제 상황이 바뀌면 코도 변할 수 있다. 돈이 있어도 쓸데없는 소비는 금물이다. 만약 코끝이 붉어지면 즉시 절약 모드에 돌입해야 한다.

2. 눈 밑이 볼록하게 부푼 듯하고 찰색이 좋으면 성생활이 양호하여 자식운이 좋다는 의미다. 아래 속눈썹이 안쪽으로 들어간 형태라면 임신 가능성도 있다. 그 외 인중의 홈이 똑바르게 되어 있는 것도 자식운이 좋은 상이다.

3. 둥근 턱은 가정의 원만함을 상징한다. 코나 귀도 둥근 형태를 띠면 자기 현시욕을 억눌러 충돌이 적다. 입꼬리가 올라가 있으면 웃는 얼굴과 부드러운 말투로 가족을 대하니 가정에 화목이 넘친다. 사람을 받아들이는 넓은 마음이 턱의 둥근 형태로 나타난다.

4. 남편, 자식에게 희소식이 생기면 아내의 이마가 옅은 노란색을 띤다. 이마뿐 아니라 눈밑에도 같은 색이 나타난다. 이러한 사인을 주변에 알리면 더욱 큰 도움을 받을 수 있는 기회가 생긴다.

1. 남성은 왼쪽 눈꼬리, 여성은 오른쪽 눈꼬리에 점이나 상처가 있으면 이성 문제로 부부관계가 삐걱대기 쉽다. 불행한 경우에는 첫 번째 결혼이 쉽게 깨지며 이혼과 결혼을 반복할 가능성이 있다. 눈꼬리에 상처가 있는 사람과의 결혼은 가능하면 피하는 것이 좋다. 혹여나 배우자가 이미 이러한 경우에 해당된다면 관심을 가지고 대화를 해나가도록 한다.

2. 눈썹을 따라 주름이 생기거나, 주름이 팔자주름을 따라 한 개 더 생기는 것은 비상식적인 남편의 행동에 염증이 생겨 이혼을 결정하게 된다는 신호다. 미간에 생기는 한 개의 주름은 신경질적인 성질을 나타낸다. 미간, 눈썹 위, 팔자주름 주변에 주름을 펴듯이 크림을 발라 신경 써준다.

3. 턱이 튀어나와 있고 다른 부분과 조화를 이루지 못하며 언밸런스하면 결혼을 해도 다툼이 끊이지 않게 된다. 상대에게 바라는 사항이 많고, 제멋대로 행동한다. 입꼬리가 내려가 있는 사람은 매사에 불평불만이 많다. 배우자에게 의존하는 마음을 내려놓고, 상대가 기뻐하는 말을 늘려가면 운이 좋아진다.

4. 남편이 있는데도 불구하고 다른 남성에게 관심을 두는 여성은 불
   륜관계에 빠지게 되면 입술에 작고 검은 점이 생긴다. 이러한 여성
   에게는 남편이 연애 대상에서 제외되며, 항상 외부에서 다른 상대
   를 찾는다. 불륜관계가 지속되면 검은 점이 사마귀처럼 변하므로
   립스틱 등으로 가리도록 한다.

'이런 상은 위험해!' 남성의 결혼 상대를 고르는 법

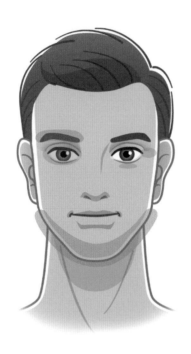

결혼은 남녀가 만나 인생을 더욱 행복하게 하고, 자식을 낳아 그 행복을 나누는 신성한 일이다. 따라서 결혼이라는 것은 좋아하는 마음만 앞서서는 절대 유지되지 않는다. 결혼 후 이상적이라고 생각하는 생활이 미래에도 전혀 펼쳐질 기미가 보이지 않는다면, 비록 좋아한다고 해도 냉정하게 다시 생각해봐야 한다.

남성의 결혼운은 눈썹, 눈, 턱 등을 통해 알 수 있다. 좋아하는 상대가 나의 배우자로 어울리는지를 가장 확실히 알 수 있는 방법은 자신과 반대인 형태의 부분을 가지고 있는가로 판단하면 된다. 자신의 눈에 쌍꺼풀이 없다면 쌍꺼풀이 있는 상대, 자신의 코가 낮으면 높은 상대 등 내가 가지지 못한 것을 가진 결혼 상대자를 만나는 것이 좋다. 결혼 후에 사이가 훨씬 깊어지면서 반대라고 생각했던 둘의 분위기가 어느새 닮아 간다. 그것이 바로 서로의 좋은 부분을 흡수해 발전했다는 증거다.

나 교수의 상담실

Q. 결혼 상대자로는 어떤 관상을 가진 사람이 좋은가요?

A. 눈이 부드럽게 반짝이고, 입꼬리가 다물어진 여성은 행운이 넘치며, 남편을 확실히 지지해줍니다. 가정도 확실히 지키며, 일도 척척 잘해내는 이상적인 여성이죠. 남성은 이러한 인상을 가진 여성을 붙잡아야 합니다. 이미 행복한 얼굴이므로, 상대를 안심하게 하여 밝고 온화한 생활을 합니다. 정중한 말투를 사용하면 둘 사이는 점점 깊어질 것입니다.

눈과 입이 크고, 광대뼈가 두드러진 사람은 호기심이 왕성하고, 행동력이 있습니다. 결혼하면 좋은 반려자가 됩니다. 결혼 후에도 자신의 일을 할 확률이 높아 사회적인 관계도 지속합니다. 활동을 응원해주는 배우자에게 항상 감사하는 마음을 가지면 가정에서도, 사회에서도 한층 더 충실하고 행복한 인생을 보낼 수 있습니다.

눈, 코, 입이 전반적으로 작으면 실제로도 눈에 띄는 것을 좋아하지 않는 성격을 가졌을 확률이 큽니다. 따라서 사회에 나가는 것보다 가사나 육아에 전념하는 것에 관심이 많습니다. 남편을 내조하고, 높은 지위에 오를 수 있도록 도우며, 아이의 교육에도 열심이어서 따뜻한 가정을 만듭니다. 이러한 여성과 궁합이 좋은 남성은 반대로 눈, 코, 입이 큰 사람이에요. 인상이 대조적이면 서로 부족한 부분을 채워주는 잉꼬부부가 됩니다.

얼굴 전체가 평평하거나 움푹 들어가 있으면 성격이 어둡고 고집이 강한 면이 있습니다. 게다가 남편의 운까지 끌어내릴 수 있어요. 연애는 그럭저럭 하지만 결혼까지 이르는 것이 힘들고, 결혼을 한 후에도 주위 사람과의 조화를 유지하지 못합니다. 입은 재앙의 근원이므로 쓸데없는 말은 하지 않도록 주의할 필요가 있습니다.

눈이 흐릿하고, 팔자주름이 있는 것은 마이너스적인 것들을 끌어당긴다는 신호입니다. 미간에 있는 주름은 항상 부담을 느끼고 감정이 쉬지 못하는 것을 나타내요. 극단적으로 눈꼬리가 치켜 올라간 날카로운 눈, 입꼬리가 내려간 입을 지닌 사람은 남편에게 정신적인 고통을 주고, 운을 끌어내립니다. 성질이 난폭해질수록 흰자위가 눈에 띄며, 감정을 그대로 드러냅니다. 부정적인 말만 하고, 싸움이 잦아지면 당연히 결혼생활은 불행해지게 됩니다. 인생은 말대로 흘러가므로, 좋은 언어를 쓰면 운도 상승할 것입니다.

이마, 눈썹, 코, 입, 광대뼈 등으로 자신에게 적합한 직업이나 활약하는 시기를 알 수 있다.

일은 '연(緣)'과 크게 관련되어 있다. 현재 자신이 원하는 일을 하고 있는 사람은 애초에 그 일을 동경하게 된 계기가 있거나, 적합한 능력을 가지고 있거나, 일을 얻게 되는 기회가 많았거나 하기 때문이다. '이런 일을 하고 싶다'라고 생각한 시점에서부터 이미 그 일과 연이 생기는 것이므로 그 후에는 의지를 강하게 가지고, 내면에 있는 재능을 갈고 닦는다면 연이 움직이기 시작할 것이다.

회사를 잇거나, 재능을 잇는 등 태어났을 때부터 일이 결정되어 있는 경우에도 그에 어울리는 능력이나 운이 없다면 그 일을 이을 수 없다. 그것이 가능했던 것도 연이 있었기 때문이다.

일의 운은 이마의 넓이나 그 형태, 눈썹의 두께, 광대뼈의 돌출 정도 등으로 판단할 수 있다.

먼저 이마의 넓이나 그 형태로 순조롭게 출세할 수 있는지 없는지를 판단한다. 이마에 상처나 점이 없으면 윗사람의 지원을 받아 출세하는 상이며, 각이 지고 넓다면 적극적으로 자신의 일을 개척하는 강인함을 가졌다는 증거이다.

눈썹이 두껍고 뚜렷하며, 눈썹 뼈가 튀어나온 것이 좋은 상이다. 또한 광대뼈가 적당히 튀어나온 사람은 자기주장을 하면서도 사회에 잘 적응한다.

한편 얼굴색에 나타나는 조짐으로도 일과 관련된 상황을 알 수 있다. 점이나 여드름을 어떤 조짐이나 경고라고 받아들이는 것과 같이 얼굴에 나타나는 색도 희소식이나 트러블을 나타낸다고 판단한다.

좋아하는 일을 할 때의 얼굴에는 어느 한 부분이 노란색을 띤다. 최상의 컨디션이 되면 핑크색으로 물들고, 빛이 나는 듯한 윤기가 나타난다. 반대로 일에 대해 고민하고 있을 때나 피곤할 때는 얼굴색이 붉은색을 띠고, 갈색에서 점점 회색빛으로 칙칙해진다.

나 교수의
상담실

Q. 관상을 보면 그 사람에게 어울리는 직업군을 알 수
있나요? 나에게 맞는 직업을 찾고 싶어요.

A. 넓고 깨끗한 M자형의 이마와 두껍고 멋진 눈썹을 가진 사람은 크리에이티브한 재능을 타고났다고 보면 됩니다. 음악, 미술, 문학 등의 분야에서 활약합니다. 이런 사람은 다른 사람들의 평가에 신경 쓰기보다 자신이 잘할 수 있는 것을 공략하는 것이 좋습니다.

뚜렷한 귓바퀴에 이마가 넓고 살집이 좋으면 주위와의 조화를 생각하며 일을 잘합니다. 윗사람의 도움도 있어서 비교적 순조롭게 출세할 수 있습니다. 이 상의 여성은 실수 없이 일을 처리하며, 가사를 척척 잘 꾸려나가고, 다른 사람과의 관계도 원만합니다.

귀의 윗부분이 크고, 눈썹이 삼각형 형태로 난 사람은 지식 탐구에 의욕을 쏟는 편입니다. 여기에 눈이 큰 사람은 학회 등 공적인 자리에서 발표하는 것이 특기입니다. 반면 눈이 작은 사람은 우직하게 데이터를 수집하고 분석하는 능력이 뛰어납니다. 연구에 몰두하는 것을 지지해 주는 사람이 늘 옆에 있다는 것을 잊지 마세요. 연구에 실패했다면 성공의 기회가 곧 다가옴을 알아차리고 더욱 몰두하면 큰 성과를 얻게 됩니다.

눈썹에 각이 져 있고, 가느다란 눈을 가진 사람은 지루한 작업을 참을성 있게 해냅니다. 특히 계산에 강하고 컴퓨터를 잘 다루어 회사 내에서도 입지가 탄탄하게 잡힙니다. 확실하게 일을 처리하기 때문에 신뢰를 얻지만, 교섭이나 협상을 잘 못하기 때문에 자신의 근로조건에 대한 개

선책을 말하기 어려워합니다. 필요할 때는 확실히 주장하고 이야기하는 연습을 할 필요가 있어요.

이마가 넓고 윤기가 흐르는 것은 두뇌가 명석하다는 증거예요. 윗입술의 살집이 좋고, 입꼬리가 야무진 사람은 말하는 것에 설득력이 있어 신뢰를 얻습니다. 교육자로서의 재능이 있고, 인망을 얻을 것입니다. 사회와의 관계가 약간 멀어지는 경향이 있으므로 끊임없이 넓은 세상을 보는 노력을 할 필요가 있어요. 다른 직종의 사람도 두루두루 만나보는 것을 추천합니다.

윤기가 나는 뺨이 적당하게 튀어나와 있고, 눈이 뚜렷하게 크며, 애교가 있는 사람은 연예계 쪽으로 진출하면 크게 성공합니다. 여기에 이마가 넓다면 좋은 기회로 이끌어줄 프로듀서나 기획사를 만날 가능성이 높습니다. 이 분야에서 성공하기 위해서는 프로 의식을 가지고 신중하게 일해야 합니다. 매일 재능을 갈고닦는 노력이 큰 기회를 가져옵니다.

얼굴 전체가 근육질에 각이 져 있는 사람은 몸도 근육질로 힘이 있고 지구력이 있습니다. 그것을 살려 스포츠 선수나 코치로 활약하면 어울립니다. 과한 연습은 몸뿐만 아니라 마음까지 경직되게 만들어요. 정신적으로 피로해져 스트레스가 생기지 않도록 연습 후에는 반드시 몸을 풀고 휴식을 취해야 합니다.

양쪽 콧방울이 두둑하고 입꼬리가 다물어져 있는 사람은 계산력이나 돈을 취급하는 능력이 뛰어나 물건을 파는 일을 시작하면 잘됩니다. 이에 더하여 이마에 가로 주름이 있으면 성공은 보장되었다고 볼 수 있습니다. 일만 하기보다 자신만의 시간을 갖고 취미를 즐기는 시간도 적극적으로 가지세요. 여유를 가지면 감각이 살아나 다음 사업 진행에도 도움이 됩니다.

보통 장인은 같은 일을 반복하며 정확히 해내는 일을 하기 때문에 얼굴이 긴장되어 엄한 표정을 하고 있는 경우가 많습니다. 따라서 얼굴 전체적으로 직선적이고 움직임이 적지요. 자신뿐만 아니라 타인에게도 엄한 부분이 있으므로, 유연함을 길러야 합니다. 커뮤니케이션에 서툴더라도 포기하지 말고 대화에 참여하세요. 반면 항상 웃는 상이라면 서비스업에 종사하시는 것이 성공 확률이 높습니다.

귀가 잘생긴 사람은 IT 관련이나 컨설턴트, 어드바이저와 같은 일이 어울립니다. 대량의 정보에서 필요한 주요 정보를 골라내는 힘이 있기 때문입니다. 시대를 앞서기 위하여 항상 새로운 것을 요구받지만, 오래된 것에서 배우는 것도 잊지 않는다면 큰 성공이 따릅니다.

사람의 생명과 관련이 있는 의사나 간호사는 얼굴 전체가 부드럽고 온화하면서도 힘과 강인함이 공존하는 경우가 많습니다. 순간적인 판단이 필요하므로 얼굴 전체를 총괄하는 눈썹이 길고 뚜렷합니다. 특히 생명을 구하는 직업은 하늘에서 준 특별한 직업이라는 의식을 가지고, 사리사욕을 채우기보다 일의 본질에 집중하면 부와 명예가 따릅니다.

턱이 넓고 살집이 좋은 사람은 부동산업에서 이익을 얻습니다. 신뢰가 두텁고, 눈썹과 눈의 사이에 사마귀나 상처가 없다면 부모의 재산을 물려받아 잘 운용합니다. 턱의 형태는 상황에 따라 바뀌기도 하니 중요한 계약을 할 때는 턱에 상처가 없고 찰색이 좋을 때 성사시키면 길합니다.

눈썹과 눈썹, 눈과 눈 사이가 먼 사람은 시야가 넓고 새로운 환경에 쉽게 적응하기 때문에 해외에 나가면 좋습니다. 특히 이마에 각이 졌다면 적극적으로 자신의 세상을 개척하고, 이름을 널리 알리게 됩니다. 호기심이 많고, 새로운 환경에 금방 적응하기 때문에 친구도 많아요. 어학 쪽으로도 머리가 좋아 어려움 없이 다양한 외국어를 익힐 수 있습니다.

• 직업운이 좋아지는 징조

1. 일에 집중력이 생기고, 에너지가 넘치면 눈에 생동감이 돌면서 강하게 빛난다. 감각이나 촉도 예리해져서 좋은 정보를 캐치할 수 있는 능력이 살아난다. 반면 일이 잘 풀리지 않을 때는 눈썹에 크림이나 마스카라를 발라 정리하면 상황이 개선될 수 있다.

2. 이마 중앙이 노란색 혹은 핑크색으로 반짝거리면 상사나 선배의 도움이 있을 수 있다는 좋은 징조이다. 이마에 상처나 사마귀가 없으면 그 기회가 더욱더 커져 동료보다 더 빨리 승진할 수 있다.

3. 팔자주름이 밝은 노란색으로 물들었다면 일이 순조롭게 진행되어 실적이 오른다는 신호이다. 사내 평가가 높아지는 때이므로 적극적으로 움직일수록 성과가 올라간다. 특히 가업을 잇고 있는 사람이라면 회사를 더욱더 발전시킬 수 있는 시기라 봐도 무방하다.

4. 콧방울에 윤기가 도는 것은 금전운이 들어온다는 징조다. 급여 혹은 보너스가 오르거나, 유산 상속 등의 임시수입이 생길 것이다. 단, 고정적인 수입이 되기는 어려우므로 흥청망청하지 않도록 주의할 필요가 있다. 돈을 배움에 투자하거나 그동안 신세를 진 사람에게 은혜를 갚는 용도로 쓰면 운이 한층 더 올라간다.

• 직업운을 가로막는 징조

1. 광대뼈 주변 색이 칙칙해진다는 것은 일에 대한 평가가 나빠진다는 사인이다. 이미 자신이 놓여 있는 상황으로 판단할 수 있겠지만, 퇴사를 강요받는 등 생각보다 더 어려워질 수 있다. 위기는 또 다른 기회일 수 있으므로 태도나 표정을 밝게 하기 위해 애쓰면 새로운 제안이 들어올 수 있다.

2. 이마의 중앙이 회색이나 갈색으로 찰색이 칙칙해진다는 것은 상사와의 관계가 삐걱거릴 수 있다는 징조다. 이마에 생기는 기미나 상처는 손해를 암시하기도 한다. 힘들더라도 당장 퇴사는 어렵기 때문에 추후 독립을 준비하며 시기를 기다리는 것이 현명하다. 상사와 대립하면 상대를 존중하는 대화가 불가능하기 때문에 상대의 이야기를 잘 들어주는 인내심이 필요하다.

3. 코에 뾰루지가 생기거나 거칠어진다는 것은 몸의 에너지가 흐트러지고 과로를 하고 있다는 것을 의미한다. 이럴 때 협상을 하면 상대를 설득하기 어려우므로 컨디션을 끌어올리는 노력에 집중해야 한다. 몸 상태가 안정되면 에너지는 저절로 높아진다.

4. 턱끝의 색이 칙칙해지고, 부자연스러운 주름이 생길 때는 회사의

경영상태가 나빠져 자신도 그 영향을 받을 가능성이 큰 것을 의미한다. 예를 들어, 명예퇴직 등의 우려도 생길 수 있다. 이직을 고려하는 경우에는 큰 모험을 하기보다 가볍게 나아갈 수 있는 방향을 선택하는 것이 좋다.

얼굴의 품격을 갖추면
저절로 흘러들어오는 금전운

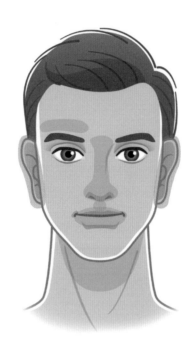

'돈에 너무 매달리며 살지 말라'라고는 하지만 사실상 돈은 많은 기회와 경험을 주는 에너지이다. 그 에너지를 어떻게 관리하고 쓰는지에 따라 그 사람의 본성과 인생의 가치관이 나타난다고 해도 과언이 아니다. 돈이 있어도 제대로 쓰는 사람은 생각보다 드물다. 진정한 부자는 돈을 살아있는 것으로 여기며 제대로 사용할 줄 알고 그것을 통해 많은 행복을 얻으며 살아간다.

눈썹 위, 코, 귀, 입 등으로 금전운을 알 수 있다. 관상으로 돈 외에도 부동산 등의 자산도 함께 예측할 수 있다. 콧날이 곧게 뻗어 있고, 콧방울이 펼쳐져 있는 사람은 운을 개척하는 강인함이 있다. 눈썹 위 살집에 따라 큰돈을 움직일 수 있는 힘의 유무를 판단할 수 있고, 꽉 다물어진 큰 입은 돈을 벌어들이는 능력이 있음을 나타내며, 그 돈은 뚜렷한 인중을 통해 지갑인 코로 흘러 들어간다. 귓불은 그 돈을 넣는 금고를 뜻한다.

나 교수의
상담실

Q. 부자가 되는 얼굴은 따로 정해져 있나요?

A. 금고의 역할을 하는 귀가 크고, 귓구멍이 작은 사람은 금전운이 타고난 사람입니다. 귓불이 두텁고 건강한 색이라면 착실하게 저축할 수 있으므로 돈 때문에 곤란한 일을 겪지 않습니다. 코는 크지만 콧구멍이 작고, 코끝이 밑으로 쳐져 있는 사람은 돈에 너무 집착하게 됩니다. 때로는 인생을 즐기기 위한 돈을 지출해 보세요.

코와 입을 잇는 파이프인 인중이 뚜렷한 사람은 돈의 흐름이 원활하고 금전운이 비교적 좋습니다. 입술이나 치아가 깨끗하다면 재산을 보다 더 축적할 수 있습니다. 이러한 얼굴을 가진 사람은 머리 회전이 빠르고, 돈을 운용해 재산을 불리는 것에도 뛰어납니다. 부모의 유산을 물려받아 말년에도 안정된 생활을 유지할 수 있습니다.

눈썹 위에 살집이 풍부하고, 콧방울이 펼쳐져 있는 얼굴은 큰돈을 만질 가능성이 있습니다. 눈썹 윗부분의 눈썹꼬리부터 3분의 2 정도까지 살집이 좋으면 큰돈을 움직이는 힘이 충분하다고 봅니다. 이러한 얼굴의 사람은 자신의 신념을 지켜나가는 강인함이 있고, 곤란한 상황을 기회로 바꿉니다. 하지만 성공에는 인맥도 중요하므로 사교에도 비용을 지불할 줄 아는 센스를 키우도록 하세요.

눈썹꼬리 윗부분에 살집이 적고, 인중에 상처가 있으면 안타깝지만 돈과 인연이 없다고 볼 수 있습니다. 아무리 열심히 일을 해도 돈이 나가기만 합니다. 경제적으로 넉넉하지 못한 날들을 보내기 쉽습니다. 코의 살집은 환경에 따라 이리저리 변하기 때문에 살집이 줄지 않도록 신경 쓰고, 적당히 걷는 운동을 병행하면 코에 힘이 생겨서 막힌 금전운도 좋아집니다.

눈썹이 끊겨있거나 눈에 핏발이 서 있는 사람은 판단력이 부족하고 조급합니다. 이마에 살집이 없고 평평한 것도 금전운에는 치명적이에요. 눈의 핏발이 없어질 때까지는 큰 지출을 삼가도록 하세요.

코가 들려 있고(들창코), 귀에 살집이 얇고, 귓구멍이 너무 큰 사람은 개방적인 성격의 소유자입니다. 인간관계는 그나마 좋은 편이나 앞뒤 생각을 안 하고 한턱 쏘기를 즐기거나 고가의 물건을 사는 등 쓸데없는 지출이 많습니다. 이런 사람은 돈을 즐겁게 쓰기 때문에 너무 모으려고 스트레스 받지 않는 편이 오히려 더 좋습니다.

● 금전운이 좋아지는 징조

1. 콧방울의 살집이 좋고 밝은 찰색을 가진 사람은 금전운이 따른다.
   눈썹이 흐트러지지 않고 가지런하면 집중력도 높아지고 감도 예민
   해진다. 이마의 중앙이 밝고, 옅은 핑크색이 돈다면 대박 조짐이라
   봐도 좋다. 그러나 분수에 맞지 않는 너무 큰 욕심을 내면 판단이
   흐려지므로 주의해야 한다.

2. 인중이 뚜렷하면 코(금고)와 입(지갑)의 연결이 잘 되어 돈의 흐름이
   확실하고 쓸데없는 지출이 없어진다. 입꼬리가 야무지게 다물어져
   서 올라가 있으면 돈이 모이는 상이다. 무리한 투자보다는 정기예
   금 등을 이용하여 돈을 모으면 쉽게 저축할 수 있다.

3. 입술에 윤기가 흐르고 입꼬리가 다물어져 있으면 돈을 제대로 쓴
   다는 증거다. 모으는 것뿐만 아니라 신세를 진 사람에게 선물을
   하거나 자기 자신에게 투자하면 쓴 만큼 행운으로 돌아온다. 치아
   가 밝고 깨끗하며 충치가 없으면 쓴 돈 만큼 금전운의 탄탄한 밑
   거름이 된다.

• 금전운을 가로막는 징조

1. 이마 중앙에서 양 눈썹 사이가 푹 꺼져 있거나, 상처가 있을 때는 잘못된 판단으로 돈을 잃을 위험성이 높다. 눈썹이 흐트러지거나 명문(귀의 바로 앞)이 칙칙해졌다면 손해가 다가온다는 암시이므로 금전운이 나빠질 것을 의식해 평소보다 정신을 바짝 차려야 한다.

2. 눈썹과 눈 사이가 좁고, 상처나 점이 있다면 부모로부터 물려받은 유산과 인연이 없다는 뜻이다. 유산을 받아도 흥청망청 다 나가서 수중에 남지 않는다. 어금니가 없고, 턱밑 살집이 빠지면 부동산 투자운도 마이너스가 된다. 이럴 때는 부동산을 유지하기 위한 노력이 필요하다. 즉흥적으로 움직이기보다 전문가를 통해 꼼꼼한 계획을 세우고 자산관리에 신경 쓰도록 한다.

3. 위아래 입술이 맞지 않고 항상 입이 약간 벌어져 있는 듯한 관상은 돈의 씀씀이가 헤프다는 증거다. 수중에 가진 돈이 없으면 빚을 내서라도 쓰는 경향이 강하다. 앞니가 빠져있거나 벌어져 있는 사람은 쓸데없이 지출이 많다. 이런 상을 가진 사람은 의식적으로 입을 다무는 연습을 해야 한다. 그래야 운이 새지 않고 본인 안에 머물게 된다.

4. 콧구멍에 빨간 줄이 생기거나 코끝의 색이 안 좋고, 붉은 점이 나타나면 큰 지출이 닥쳐온다는 전조다. 콧구멍이 크고, 콧방울에 힘이 없으면 거듭된 잘못을 범한다는 것을 암시한다. 눈에 핏줄은 파산을 경고하므로 각별히 주의해야 한다. 이러한 징조가 나타나면 이미 사태 수습은 어려운 상황일 수 있으니 찰색이 좋아질 때까지 기다려서 신중하게 행동하는 것이 좋다.

　돈보다 더 중요한 것이 바로 건강이다. 육체와 마음이 연결되어 있다는 말처럼 육체의 리듬이 깨지면 덩달아 마음에도 병이 깃든다. 건강한 육체가 뒷받침되어야 정신도 안정되고, 마음에 여유가 생겨 행복한 인생을 보낼 수 있다. 항상 자신의 얼굴을 체크하여 문제가 있을 때는 재빨리 대처하도록 해야 한다. 얼굴에 사인이 나타난다 하더라도 반드시 적용되는 부분은 아니므로 평소 건강관리에 힘쓰고, 생활습관을 되돌아보는 기회로 받아들이면 될 것이다.

건강운은 눈썹, 볼, 팔자주름 등을 통해 알 수 있다. 눈썹이 적당히 짙고 가지런하면 건강하다는 증거이다. 대체로 혈색이 좋고 윤기가 있는 얼굴은 밝고 건강한 인상을 주는 반면, 심신이 병들어 있으면 얼굴 전체가 창백해지거나 귀가 작아 보이기도 한다. 인중으로는 생식능력에 관한 질병을 판단할 수 있다.

나 교수의 상담실

Q. 몸과 마음을 건강하게 유지하기 위해서 특히 신경 써야 할 얼굴 부위가 있나요?

A. 눈썹이 적당히 짙고 눈보다 길며, 눈과 눈썹이 적당히 떨어져 있는 등 각 부분이 전체적으로 넉넉하게 배치되어 있는 얼굴을 가진 사람은 건강하고 장수합니다. 일상적인 좋은 생활습관은 건강한 몸뿐만 아니라 여유 있는 표정까지 만듭니다. 그러니 몸이 피곤하지 않도록 적정한 운동과 규칙적인 생활 습관을 만들어 나가는 데 공을 들이세요.

눈썹이 얇고 부자연스러운 끊김이 있거나 눈썹이 눈보다 짧으면 병약한 사람일 확률이 높습니다. 귀의 색이 얼굴색보다 어둡거나 투명하게 보이는 것도 병에 걸리기 쉽다는 신호입니다. 눈썹의 형태를 이상적인 형태와 길이로 다듬어주고 끊긴 부분은 아이브로우를 활용해 채워주면 주위 사람들에게 휘둘리지 않고 본인의 페이스대로 움직일 수 있어 스트레스가 줄어듭니다.

얼굴 전체의 색이 창백하고 붓거나 눈에 힘이 없어 보이는 것은 감정이 불안정하다는 것을 보여줍니다. 이마가 좁고 중앙이 움푹 패여 있으면 신경이 매우 날카롭고 긴장되어 있는 것을 나타내기도 합니다. 개선하기까지 시간이 걸리지만 관심을 가지고 노력하다 보면 밝은 얼굴을 되찾을 수 있을 거예요.

코는 소화기계통의 질환을 나타냅니다. 코에 상처가 있거나 움푹 들어가 있고 검붉은색을 띤다면 위와 장에 트러블이 있을 가능성이 높습니다. 붉은 점이 있는 사람은 급성 소화기계통 질환에도 주의해야 합니다. 반드시 본인의 식생활을 재검토하여 소화에 부담을 주는 것은 최선을 다해 피하고, 정해진 시간에 밝은 곳에서 천천히 식사하도록 하세요.

코의 시작 부분부터 양쪽 눈시울 근처가 칙칙하고 색이 나쁜 사람은 심장이나 혈관, 혈액 등 순환기 계통의 질병에 주의해야 합니다. 입술 색이 회색으로 변하면 혈액 순환에 지장이 있을 수 있습니다. 마흔 이상인 사람의 흰자위에 핏발이 서 있거나 붉은빛이 나타나면 혈압이 오를 가능성이 있으므로 즉시 진료받는 것을 추천합니다.

얼굴 전체가 푸르스름하고 윤기가 없는 것은 기관지나 폐가 약하다는 증거예요. 콧방울 옆이 갈색빛을 띠는 사람도 기관지에 주의해야 합니다. 눈썹 주변이 짙은 붉은색을 띠고, 코도 칙칙한 색이라면 만성 호흡기 질환을 의심해야 합니다. 아침에 일찍 일어나 좋은 공기를 마시세요. 방에 생화를 두면 실내 공기를 정화해주어서 좋은 공기를 마실 수 있습니다.

● 건강운이 좋아지는 징조

1. 눈이 반짝이고 힘이 들어가 있으면 몸 상태가 나빠지더라도 대부분 극복할 수 있다. 입꼬리가 꽉 다물어져 있으면 에너지가 충실해서 몸도 마음도 아주 좋은 상태라 해석한다. 그러나 도전 정신이 너무 왕성해서 몸이 데미지를 입는 경우도 있으니 방심하지 말고 관리해야 한다.

2. 얼굴과 코의 밸런스가 좋고 콧구멍이 크면 자신감이 충만하며 자기주장을 과하게 하지 않아 온화한 마음으로 지낼 수 있다. 콧구멍이 뚜렷하게 보이면 호흡이 왕성해져 건강 상태도 괜찮다고 해석한다. 얼굴 전체가 밝고, 윤기가 흐르면 사고방식도 긍정적이고 진취적이다. 심신의 상태가 좋고, 무엇을 해도 잘될 때이긴 하지만 오만해지는 것을 경계하고 겸손한 마음가짐을 가지는 것이 운을 오래 지속하는 힘이다.

3. 마흔 이후에 눈썹 주변으로 몇 가닥 긴 털이나 흰 털이 나는 것은 활력이 넘친다는 증거이며, 장수를 상징하기도 한다. 귓속에 털이 나는 것도 마찬가지다. 체력도 의욕도 충분하므로 도전하고 싶었던 일이 있다면 한번 시도해보는 것이 좋다.

4. 인중이 뚜렷하고 인중을 둘러싼 부분에 윤기가 돌면 식욕이 왕성하고 활력이 넘치는 것을 의미한다. 귀의 색이 좋고 두터우면 간장이 튼튼하다는 것이다. 더불어 턱이 두텁고 뚜렷하면 심장이 건강하다는 증거이다. 폭음이나 폭식은 몸 상태를 나쁘게 하는 원인이 되므로 음식에 있어서는 절제를 생활화하고 좋은 재료를 먹으려 노력하는 것이 건강운을 좋게 한다.

● 건강운을 가로막는 징조

1. 인중은 생식기능에 생기는 문제를 나타낸다. 특히 인중이 불규칙하게 일그러져 있거나, 빨간 여드름이 생기거나, 칙칙해지면 여성의 경우 자궁에 문제가 있을 수 있으니 반드시 진료를 받아보길 바란다. 콧방울 옆의 여드름이나 사마귀는 난소에 문제가 있을 수 있음을 뜻하므로 주의해야 한다. 여성은 1년에 한 번은 반드시 부인과 검진을 받고, 하반신을 항상 따뜻하게 유지하는 것이 좋다.

2. 환경의 변화에 약한 사람은 양쪽 눈 사이(질액궁)가 눈에 띄게 들어가 있거나 사마귀가 생기기 쉽다. 양쪽 눈 사이의 색이 변하거나 여드름이 나는 것은 병의 전조이고, 오른쪽 눈썹 앞부분에 나는 여드름은 상처나 재난을 겪게 됨을 암시한다. 가능하면 새로운 환경을 즐기는 마음을 가지도록 노력하고 체력을 길러 보완한다.

3. 귀가 칙칙하거나 붉은 것은 신장이 약해졌을 때의 표시일 수 있다. 체력이 감퇴하고 쉽게 피곤해진다. 귀가 얇고 귓불이 작으면 그 경향이 더 강해진다. 귀가 항상 빨간 사람은 고혈압을 조심해야 하고, 눈의 흰자위가 옅은 회색빛을 띠는 사람은 신장 질환을 의심해볼 수 있다. 화장실에 가고 싶은 걸 자주 참거나 장시간 같은 자세로 있으면 신장에 부담되기 때문에 주의가 필요하다.

4. 스트레스가 병의 원인이 된다는 것은 누구나 알고 있다. 입술이 창백해지는 것은 마음에 고민을 안고 있다는 증거이므로 이럴 때는 혈액이 쉽게 더러워져서 여러 가지 병을 불러들인다. 안 좋은 일이 있더라도 가능하면 이겨내려는 밝은 마음을 가져 저항력을 기르는 것이 중요하다. 거울을 보고 웃는 연습을 자주 해보도록 한다.

5. 매일 시간을 들여 거울에 비친 자신의 얼굴을 잘 살피면 관련 부위에 나타나는 칙칙함이나 여드름, 붉은 점, 트러블을 보다 빨리 감지하고 대처할 수 있다. 또한 신기하게도 함께 생활하는 가족이나 가까운 친척이 앓는 병이나 트러블에 관해서도 자신의 얼굴에서 찾을 수 있다. 그런 사인을 발견했을 때 신속하게 대처하면 병이나 사고를 미리 대비할 수 있다.

내 인생의 운을 끌어오는
12가지 개운법

1. 멋지다고 생각되는 사람과 인간관계를 맺자

인생을 빠르게 바꾸고 싶다면 당신 주변에 행복한 얼굴을 가진 사람을 많이 두는 것이 좋다. 함께 있으면 기분 좋아지고, 긍정적인 마음이 들게 하는 사람들과 인간관계를 맺는 것이 운을 끌어당기는 비밀이다. 그런 사람과의 시간을 늘리고 소중히 대하자. 그렇게 하면 상대방의 좋은 에너지와 파장이 당신에게도 전달되어 좋은 얼굴이 만들어진다. 만약 주변에 그럴 만한 사람이 없다면 당신이 먼저 그런 얼굴을 가지려고 노력하는 것도 방법이다.

매일 수시로 거울을 보며 웃는 표정을 짓거나 입꼬리를 올리는 연습을 하고 얼굴 부위를 세심하게 마사지해주는 것도 좋다. 시간을 내어 하루에도 몇 번씩 그렇게 다듬어주면 얼굴은 점점 더 빛나고 좋은 관상으로 변하여 주변에 좋은 사람이 모이고 인생도 차츰 좋은 방향으로 바뀌어 갈 것이다.

2. 많이 웃고 몸을 유연하게 유지하자

사람에게는 감정이라는 것이 있다. 『시크릿』이라는 책에서도 다루 듯 좋은 감정은 좋은 일을 끌어들이고, 나쁜 감정은 나쁜 일을 끌어 들인다. 따라서 좋은 감정은 유지하려 애쓰고, 나쁜 감정은 빨리 떨 쳐버리는 것이 좋다. 그중에서도 가장 강한 에너지를 내뿜는 것은 기 쁜 감정과 웃음이다. 웃음은 몸의 긴장을 풀어주고 편안한 상태를 만들고, 몸을 구성하는 세포 하나하나를 부드럽고 활발하게 만든다.

그에 반해 슬픔이나 노여움, 두려움 등의 에너지는 몸이나 세포를 경직시켜서 병이나 상처 등을 끌어들인다. 사실 운동이 무조건 우리 몸에 도움이 되는 것은 아니다. 힘이 과도하게 들어가는 운동은 도움 이 되지 않으므로 피해야 하며 운동한 후에는 반드시 몸을 풀어주어 야 한다. 항상 환하게 웃는 얼굴은 다른 무엇보다 강한 운을 끌어당 길 수 있다.

3. 일찍 자고 일찍 일어나는 습관을 들인다

어릴 때부터 어른들로부터 "일찍 자고 일찍 일어나야 한다"라는 말 을 듣는데 이보다 더 좋은 습관은 없다. 해가 지면 잠에 들고, 해가 뜨면 일어나는 생활은 사람이 좋은 에너지를 얻고 살아가기 위한 이 치에 맞는 행동인 셈이다. 행복한 얼굴을 유지하기 위해서는 늦어도 밤 11시 이전에는 잠자리에 들고, 일찍 일어나서 아침 8시까지의 파 워풀한 햇볕을 쬐는 것이 좋다. 아파트에 산다면 베란다에 나가는 것도 좋고, 가능하면 아침 산책을 하면서 직접 태양의 기운을 받는 것이 좋다. 그러면 바라는 바가 더 잘 이루어지게 될 것이다. 물론 활동적인 것도 중요하지만, 천천히 휴식을 취하며 에너지를 축적하는 것도 중요하다. 태양의 에너지를 흡수하여 활동했다면, 밤에는 충분한 수면을 취하며 음의 에너지를 받아들이는 것을 추천한다.

 여기서 잠깐!

햇볕을 쬐면 좋은 운이 생길까? 태양을 흔히 생명의 근원이라고 한다. 사람도 생명이기 때문에 식물이나 동물처럼 같은 이치이다. 초목이 햇볕을 받고 자라는 것처럼 사람도 햇볕을 쬐면 밝고 건강해진다.

하루 중 태양의 힘이 가장 강한 때는 바로 아침이다. 그래서 수많은 자기계발서에서도 아침에 일찍 일어나는 것을 강조한다. 아침형 인간과 관련된 책이 많은 이유이기도 하다. 특히 새벽부터 8시 정도까지가 가장 강한 에너지를 내뿜는 시간이므로, 매일 일찍 일어나 창문을 열거나 산책을 시도해 보자. 그렇게 얻은 에너지가 주위 사람들을 행복하게 하고, 최종적으로는 당신의 인생이 보다 행복해진다.

4. 일부러라도 자연을 자주 찾아가자

숲에서 품어져 나오는 피톤치드의 긍정적인 효과는 다들 알고 있을 것이다. 280명의 대학생에게 24개의 숲에 들어가 15분 동안 의자에 앉아 경치를 구경하게 하고, 15분 동안 숲속을 걷게 했더니 스트레스 호르몬이 줄고, 맥박과 혈압이 감소했다는 연구결과가 있을 정도다. 이처럼 피톤치드가 신경을 치유해 주는 역할을 하기 때문에 삼림욕은 면역력을 향상시키는 데 도움을 준다. 또한 수목이나 풀꽃, 바다 등 자연의 향기는 떨어진 기운을 채워준다.

도시에 사는 현대인들은 좀처럼 자연 속에 들어갈 수 없으니 하루의 피로를 간단한 방법으로 치유하고 싶다면 풀꽃의 엑기스를 추출한 아로마 오일을 이용해보자. 마음을 편안하게 하고 싶다면 라벤더나 로즈마리 등의 향기를, 기분전환을 원한다면 페퍼민트나 레몬, 유칼립투스 향을 추천한다.

5. 좋은 재료의 신선한 음식을 먹자

바쁜 현대인들은 식사를 대충 때운다는 개념으로 해치우는 경향이 심해졌다. 편의점에서 간단하게 먹을 수 있는 음식들도 많아졌고, 인스턴트도 집밥 못지 않게 발달했다. 그러나 음식이라는 것은 사람이 살아가는 가장 큰 에너지원이다. 영양의 균형이 갖춰져 있지 않거나 맛없는 식사로 칼로리만 섭취하는 것은 가능하면 피하는 것이 좋다. 미각을 예민하게 길러서 가능하면 매끼 맛있는 음식을 먹고, 양질의 음식을 섭취해야 한다. 몸은 더욱더 건강해지고, 몸속 장기도 그 기능이 살아날 것이다.

사실 가장 이상적인 식사는 매일 다양한 식재료를 두루 섭취하는 것이라고 할 수 있다. 특히 녹황색 채소와 식이섬유를 많이 섭취하고 적당히 운동하면 변비가 없어지고 빛나는 밝은 얼굴이 된다. 그리고 하루 세끼 중 가장 신경 써야 하는 것이 바로 아침 식사다. 그날의 운을 좌우하므로 아침 식사를 절대 빼먹어서는 안 된다. 또한 음식물을 잘게 꼭꼭 씹으면 영양이 몸에 흡수되기 좋은 상태가 되고, 얼굴의 골격도 뚜렷해지는 효과가 있다.

 여기서 잠깐!

과도한 다이어트는 운을 내쫓는다? 다이어트는 운의 상승에 도움이 되지만 '과도한' 다이어트는 오히려 운을 끌어내린다. 과격한 다이어트로 몸을 상하게 하거나 자기 자신의 몸매에 만족하지 못해서 스스로를 괴롭히며 정신까지 병들게 하는 사례가 빈번하다.

관상학적으로도 살집이 없어지는 것은 운을 깎는 요인이다. 턱이나 눈 주변, 볼의 살집이 줄어들면 신경이 과민해지고 기분이 날카로워지기 때문이다. 특히 코에 살집이 없으면 마음에 여유가 없고, 금전운이 약해진다. 적당히 살집이 있고, 단단하며, 건강한 얼굴과 몸을 가지고 식생활을 조절하면 저절로 부자의 얼굴이 나타난다.

6. 좋은 자세는 좋은 운을 부른다

서 있거나 걷는 자세가 바르고 아름다운 사람은 대체적으로 행복한 얼굴과 몸을 하고 있다. 왜냐하면 좋은 자세를 한 사람은 하늘의 기를 바로 받을 수 있기 때문이다. 사람은 지면과 수직으로 서고 걸으며 양의 기를 흡수하고, 지면과 수평인 형태(누운 자세)로 음의 기를 흡수한다. 그러므로 양의 에너지, 즉 운을 받기 위해서는 될 수 있는 한 등을 쫙 펴고 머리 꼭대기를 하늘로 향하게 하는 이미지로 서거나 걷는 것이 가장 좋다. 머리를 숙이고 구부정하게 다니거나 몸을 뒤로 젖히면 운이 도망간다.

7. 아침저녁으로 얼굴을 깨끗하게 정돈하자

메이크업으로 좋아 보이는 얼굴보다는 좋은 맨 얼굴이 운을 불러들인다. 따라서 건강한 맨 얼굴을 만들기 위해 아침저녁으로 세안과 마사지가 중요하다. 아침에 일어나면 먼저 꼼꼼하고 깨끗하게 세수를 한다.

세수라는 것이 아침저녁으로 당연히 하는 것이긴 하지만, 음의 에너지를 축적하는 휴식의 시간을 양의 에너지를 축적하는 활동의 시간으로 바꾸는 징검다리 역할을 한다고 생각하면 당장 내일 아침의 세수를 대하는 마음가짐이 달라질 것이다. 세수는 얼굴의 땀이나 먼지를 닦아내는 역할뿐 아니라 물의 기로 얼굴의 나쁜 기운을 물리치는 것이라 볼 수도 있다. 마찬가지로 밤에도 양의 기에서 음의 기로 전환하기 위해 정성스럽게 얼굴을 닦아보자. 세수 후에는 적당량의 크림을 바르고 가볍게 마사지하며 얼굴의 근육을 부드럽게 풀어주는 것이 좋다.

8. 아름답고 좋은 것만 보자

의식적으로 좋은 것만 골라서 바라보지 않으면 무의식적으로 아무 정보나 눈에 보이는 대로 보게 된다. 눈은 아기처럼 눈동자가 크고 깨끗하며, 흰자위도 새하얀 것이 좋은 관상이다. 나쁜 것을 보게 되면 눈이 탁해지고, 눈동자도 작아진다. 그렇게 되면 정작 중요한 것을 놓치고, 사람이나 현상을 꿰뚫어보는 능력이 약해져 운에도 큰 영향을 미친다.

사물이나 현상을 있는 그대로 정확하게 파악하는 눈을 가지기 위해서는 멋진 그림이나 사진, 자연, 보석 등 아름다운 것을 수시로 보는 것이 가장 좋다. 눈이 즐거우면 눈이 깊어진다. 반대로 TV나 컴퓨터, 게임 등 전자기기의 사용은 눈에 치명적이다. 사용하는 시간을 가능하면 짧게 하고 휴식을 취하며, 먼 곳을 보는 등 눈의 초점을 바꿔주는 노력을 해야 한다.

9. 코 호흡으로 좋은 기를 받아들이자

호흡은 단지 산소를 들이마시고 이산화탄소를 내뱉는다는 간단한 의미가 아니다. 지금 이 순간 그 장소의 에너지를 받아들인다는 뜻이기도 하다. 숲속이나 따뜻한 가정 등 에너지가 흘러넘치는 곳에서 숨을 쉬면 그만큼 좋은 에너지를 몸에 흡수한다. 좋은 환경에서 공기를 마시면 코의 살집이 좋아지고 강인함이 키워지지만, 좋지 않은 환경에서 호흡하면 코가 약해지고 힘을 잃는다. 코는 자신을 나타내는 부위이므로 좋은 호흡을 해서 운도 좋게 가꿀 필요가 있다.

우리가 짜증 나거나 힘이 들면 한숨을 쉬게 되는데, 이것은 나쁜 것이 아니라 몸의 밸런스를 잡기 위한 활동 중에 하나다. 큰 숨을 내뱉으면 그만큼 큰 숨을 들이마시게 되고, 세포에 산소가 들어가 굳어있던 마음이 풀어지는 원리다.

10. 좋은 말을 내뱉어 예쁜 입을 만들자

입술이 적당히 도톰하고, 탄력이 있으면서 윤기가 흘러 촉촉하며, 입꼬리가 쭉 올라가 있는 입 모양이 행운을 부른다. 만약 자신의 입 모양이 이와 같지 않다면 충분히 노력해서 만들어 갈 수 있으니 너무 좌절할 필요는 없다.

앞서도 언급했지만 좋은 입 모양을 만드는 가장 좋은 방법은 자주 웃는 것이다. 사람은 웃을 때야말로 우주의 에너지를 듬뿍 받아 행운이 뒤따르게 된다. 오늘부터 거울을 보며 자신이 가장 반짝여 보이도록 웃는 연습을 시작하자. 그리고 웃는 것만큼 중요한 포인트는 평소 좋은 말을 사용하는 것이다. 좋은 말을 사용하면 입꼬리가 올라가 꽉 조여지고, 자연스럽게 입의 모양도 좋아진다.

11. 바르게 걷는 연습으로 근성 있는 턱을 만들자

관상학에서 턱은 근성과 끈기의 유무를 살펴볼 수 있는 부위이다. 또한 두툼하고 적당히 튀어나온 좋은 턱은 말년의 운을 강하게 한다. 턱을 단련하기 위해서는 운동이 도움이 된다. 운동을 하면 열심히 하려는 마음과 끈기가 저절로 생긴다. 버틸 때 사람은 이를 악물게 되고 더불어 턱이 강해지는 것이다. 처음부터 운동을 시작하기 버겁다면 가벼운 걷기부터 시작하는 것이 좋다. 허리와 무릎을 꼿꼿이 펴고, 발뒤꿈치부터 바닥에 닿도록 바른 자세로 걷는 것부터 해보자.

12. 좋아하는 음악과 소리에 집중하자

귀는 오감 중에서도 가장 중요하고 예민한 기관이다. 소리는 파장이고 귀는 그 소리를 직접적으로 몸 안에 받아들인다. 따라서 놀랍게도 사람마다 귀가 붙어있는 모양이나 형상에 따라 받아들이는 것도 다르다. 좋은 사람들과의 즐거운 대화나 아름다운 음악 등 귀가 편안하다고 느끼는 소리를 듣는 것만으로도 기분이 좋아지거나 릴랙스할 수 있다.

반면에 누군가 싸우는 소리나 전자음 등 해로운 소리는 신경을 건드리고 몸을 경직되게 한다. 어렸을 때부터 좋은 소리를 듣고 자라면 귀의 형태가 잘 정돈된다. 따라서 될 수 있는 한 좋은 소리를 들으려 노력하고, 좋은 파장을 받아들여 좋은 귀를 만들어보자.

부자의 관상

초판 1쇄 발행   2020년 4월 15일
초판 2쇄 발행   2022년 3월 31일

지은이   나남임
펴낸이   정혜윤
디자인   조언수
펴낸곳   SISO

주소   경기도 고양시 일산서구 일산로635번길 32-19
출판등록   2015년 01월 08일 제 2015-000007호
전화   031-915-6236
팩스   031-5171-2365
이메일   siso@sisobooks.com

ISBN 979-11-89533-13-7 (13180)